**THE HOMEMADE
ORGANIC
MIX DRINK**

첨가물 걱정 없는 홈메이드 오가닉 음료

초판 1쇄 발행 2014년 4월 10일

글 김봉하 | **사진** 허선아 | **펴낸이** 김용구 | **펴낸곳** 열린세상(열린과학) | **등록** 제300-2005-83호
주소 서울시 관악구 남현동 1061-18 르메에르 409호 | **전화** 02-876-5789 | **팩스** 02-876-5795
이메일 openscience@hanmail.net | **ISBN** 978-89-092985-27-7 13590

＊책값은 뒤표지에 표기되어 있습니다.　＊잘못 만들어진 책은 구입하신 서점에서 바꾸어 드립니다.

첨가물 걱정 없는
THE HOMEMADE ORGANIC MIX DRINK
홈메이드 오가닉 음료

김봉하 지음 | 허선아 사진

PROLOGUE
프롤로그

"라이프 스타일에 감성을 입혀라"
우리 집에는 나만의 라이프 스타일과 건강이 함께하는 신선한 음료가 있다!

이 책에는 전문가도 알지 못하는 노하우가 담겨있다.
누구나 따라 할 수 있는 간편한 레시피로 첨가물 걱정 없는 나만의 음료를 만들어보자.

"어디서 태어났어요?"라는 질문 속에는 '그 사람이 지내왔던 환경이 궁금하다'는 의미 또한 내포되어 있다. 어투와 행동뿐만 아니라 우리가 매일 먹고 마시는 것을 포함한 모두가 그러할 것이다. 나 역시 바다와 가까운 지역 출신이다 보니 어릴 적부터 먹던 음식이 서울 사는 친구보다 짜게 먹고, 달콤하고 시큼한, 자극적인 음료에 손이 먼저 갔었다. 10여 년 전, 2000년대에 접어들면서 우리가 먹고 마시는 문화에 많은 변화가 일어났다. 당시 밀레니엄이라는 단어가 이슈가 되었고, MSG[monosodium glutamate]에 대한 논란과 동시에 엄마가 해 주시는 모든 음식이 맛이 없어지기 시작한다.
끓는 물에 화학조미료만 넣어도 음식이 맛깔스럽게 변하는 마법을 부렸기에 천연 재료의 맛을 살리는 방법을 우리 엄마는 몰랐던 것이다. 이것은 곧 음료에도 적용되었다. "천연 과일을 마신다?"라는 신선한 문화를 보여줬던, 길거리의 생과일 주스는 당시 폭발적인 인기를 끌었다. 눈앞에서 내가 좋아하는 과일을 그냥 갈았을 뿐인데 입안에서 과육이 씹히고 달콤함이 느껴지는 생소한 느낌은 많은 사람의 '잇 아이템'이 되었다. 이어 재료의 신선함과 조리법에 대한 관심은 이제 전문가의 손길이 아닌 엄마의 손에서 사랑하는 가족들에게 전해지기를 모두가 갈망하고 있다. 자, 그럼 주변에서 쉽게 구할 수 있는 신선한 재료를 이용하여 간편하게 만들 수 있는 건강 음료와 함께 온 가족의 건강과 웃음을 챙겨보자.

THE HOMEMADE ORGANIC MIX DRINK 004 005

THE HOMEMADE ORGANIC MIX DRINK CONTENTS

PROLOGUE 프롤로그   004

GOOD STUFF 좋은 재료 찾아 나서기   010

MY FRIDGE 냉장고를 털어라!   014

딸기   016
딸기와 우유
딸기와 바나나
딸기 주스

레몬   024
레몬 디톡스
마누카 허니와 레몬 디톡스
레몬 셔벗

한라봉 에이드   034

자몽 주스   038

마누카 샷 시럽   040
마누카 허니와 레몬 차
마누카 허니와 생강 에이드

물 이야기   044

오이와 한라봉 주스   050

매실   052
홈메이드 매실청
매실 에이드
매실 두부 푸딩

키위 에이드   058

쑥 스무디   062

복분자 요거트   064

토마토   066
토마토 에센스
토마토 주스
토마토 샐러리

수박 주스   074

블루베리   076
블루베리 에이드
블루베리 스무디

포도   082
청포도 주스
포도 주스

배 주스   086

단호박   088
단호박 퓨레
단호박 라떼

유자   094
홈메이드 유자청
유자 에이드

마 & 시금치   100
마와 유자 스무디
시금치와 마 라떼

사과와 당근 주스   104

망고   106
망고 손질 방법
망고 스무디
망고 주스

HOW TO MAKE 112
집에서 내가 직접 음료를 만들 수 있을까?

MRS.GO 고 여사   114
복숭아 홍시 스무디
백도 만들기

EASY TECHNIQUE 118
전문적인 기법·용어 무시하기

쉐이커=믹스통 : 사과 요거트
스트레이너=거름망 : 포도 주스
머들러=마늘 방망이 : 로즈마리 유자 에이드
블렌더=믹서기 : 당근 슬러시

HOME MADE 128
오가닉 시럽 만들기

시럽 만들기
계피 시럽 : 시나몬 애플 주스
오미자 시럽 : 오미자 에이드
차 시럽 : 민트 & 레모네이드
레몬 시럽 : 시큼하지 않은 레몬 음료
설탕 이야기 : 작업공정
정성이 가득한 오가닉 시럽 선물하기

FAMILY DRINKS 144
가족을 위한 건강음료

건강한 다이어트 식단   146

예뻐지는 주스 3가지   148
사과와 당근 주스
샐러리와 오렌지 주스
채소, 과일과 레몬 디톡스

지친 남편을 위한 음료   152
파인애플 마 주스
수삼과 허니진져 주스

뚱뚱한 남편 이대로 내버려둘 것인가   156
와송 요거트 & 와송 블루베리 스무디
솔방울 효소

편식이 심한 아이를 위한 음료 3가지   160
자두 주스
복숭아 주스
파인애플 주스

탄탄한 피부와 기초체력을 위한 음료   162
당근과 양배추 주스
홍초 에이드
사과 백년초 주스
백년초 효소 담그기

화목을 부르는 가족 주스   166
진저엘
과일초 샹그리아
멜론 볼 펀치

VISUAL DRINKS 172
'보기 좋은 것이 먹기도 좋다' 완성하기
과일 자르기
과일 말리기
예쁜 잔에 담기
얼음 이야기

STAR BARISTA 182
임종명의 홈 카페 메뉴
아포가토
아이스 아메리카노

MIXOLOGIST 188
권혁민의 믹솔로지 메뉴
라즈베리 레모네이드
초콜릿 스무드

GOOD PAIRING DRINK 194
에오 어윤권 쉐프
레몬그라스 레몬 소다

TEA 198
마음까지 맑게 하는 차
녹차 라떼
허니티 워터

SPRING, HERB 204
봄 내음을 머금은 허브 음료
로즈마리 레모네이드
모히토 넌 알코올
레몬그라스 소다
수박 바질 주스

VISITOR DRINKS 212
집에 손님이 왔을 때 적당한 음료 아이템

EPILOGUE 에필로그 216

GOOD STUFF
좋은 재료 찾아 나서기

마트의 편리함에 익숙해진 나를
일깨우는 신선한 식재료를 찾는
방법과 좋은 재료 구하기!

햇살이 비치는 아침, 오늘따라 이상하게 일찍 눈이 떠졌다. 주말이면, 영화보고 밥 먹고, 밥 먹고 영화 보는 데이트 코스가 싫증이 나서인지 오랜만에 사랑하는 그녀를 위해 신선한 재료를 찾아 나선다.
얼마 전 유럽과 미국 출장에서 본 광경 중 인상 깊었던 것은 요즘 그들은 농산물 직판장[Farmer's market]에 열광하고 있다는 것이다. 각 산지에서 그날 새벽에 출하한 신선한 식재료를 한눈에 만나 볼 수 있는 시장에 말이다. 마트의 편리함도 좋지만 이번 주말은 사랑하는 내 가족을 위해 정이 넘치는 시장으로 그와 함께 손을 잡고 장보기에 나서보자. 적당히 걷는 운동량과 착한 가격에 신선한 재료를 구매한 것에 대한 뿌듯함으로 행복감이 밀려들 것이다.

GOOD STUFF
좋은 재료 찾아 나서기

마트 VS 시장

사실 서양식 요리에 필요한 재료를 시장에서 구하기는 쉽지 않다. 현란한 색색의 다양한 종류의 파스타 면과 조리하기 쉽게 가공되어 나오는 토마토와 크림 소스가 한눈에 들어오는 곳은 마트다. 하지만 이런 소스류 몇을 제외하고는 대부분을 시장에서 구할 수 있다. "얼마예요?"와 "깎아 주세요, 끼워 주세요"가 아직 통하는 곳, 아주머니의 구수한 말투와 친절함에 기분까지 좋아진다.

이 건강음료 가이드의 대부분은 과일, 채소류이다. 맛있는 건강음료를 만들 생각이 있다면 일단 오늘은 재래시장으로 발걸음을 향해 보자.

대형마트

쾌적한 환경에서 물건을 편리하게 카트에 담지만 충동구매로 자주 이어진다.

THE HOMEMADE ORGANIC MIX DRINK

재래 시장

훈훈한 정이 넘치는 아주머니의 웃음과 흥정으로 얻어낸 기쁨과 신선함이 함께한다.

경동시장(京東市場) 각 산지에서 그날 새벽에 출하한 신선한 재료들을 저렴하게 판매하는 경동시장의 역사는 6·25 전쟁 이후 서울 사람들의 생활이 회복되기 시작하면서 경기도 북부 일원과 강원도 일대의 농민들이 생산·채취해 오는 신선한 농산물과 채소 및 임산물들이 옛 성동역과 청량리역을 통하여 몰려들었다. 이것들의 집산지로서의 공간이 필요하였고 또 그 반입과 판매를 감당하고자 전토(田土)를 매립한 공지(空地)에서부터 장사를 벌이기 시작하면서 자연히 시장이 형성된 것이다[네이버 백과사전 참조].

MY FRIDGE

냉장고를 털어라!

우리 집 냉장고 안에는 시즌 별로 다른 재료가 준비되어 있다. 각 계절을 대표하는 과일에서 채소류 고르는 방법, 영양 성분, 손질법 등을 간단히 알아보자. 예로부터 건강을 유지하는 중요한 요소는 내 몸에 맞는 음식과 신선한 재료라고 알려져 있다. 자 그럼 각 재료에 함유된 영양성분과 특징을 이용하여 건강 음료 만들기에 도전해보자.

MY FRIDGE 냉장고를 털어라!

STRAWBERRY
딸기

딸기는 눈과 입을 즐겁게 해주는 상큼함의 대명사이다. 보기 좋은 붉은색과 입안에서 톡톡 터지는 재미있는 식감은 손을 멈추지 않게 한다. 신맛과 단맛을 동시에 제공하지만 열량이 낮아 다이어트에 효과적이고, 비타민 C가 풍부하여 항산화작용이 뛰어나며, 딸기 속의 일라직산은 암세포의 세포자살[Apotosis]을 유발하여 암세포 억제에 도움이 된다. 하지만 습도에 약하기 때문에 종이상자에 담아 보관하는 것이 좋으며, 1주일을 넘기지 않는 것이 좋다. 껍질이 얇아 상하기 쉽고 과육이 부드러우므로 물에 담그지 않고 흐르는 물에 가볍게 씻는 것이 좋다. 좋은 딸기를 선별할 때는 꼭지가 마르지 않고 진한 푸른색을 띠는 것이 좋으며, 탱탱하고 붉은 색이 많은 것이 신선하고 맛있는 딸기이다. 3월부터 5월 말까지가 제철이며, 100g당 약 27kcal를 함유하고 있다.

NEXT ▶▶▶
딸기와 우유
딸기와 바나나
딸기 주스

MY FRIDGE 냉장고를 털어라!

STRAWBERRY
딸기

STRAWBERRY & MILK
딸기와 우유

나른한 봄기운에 춘곤증이 밀려온다면 사랑하는 내 아이들과 함께 비타민과 영양소가 풍부한 딸기 우유를 만들어 보자.

입안에서 톡톡 씹히는 상큼한 딸기와 부드러운 우유가 나른함 대신 에너지를 가져다줄 것이다.

여기에 레몬을 더하면 요거트 음료의 느낌까지 만날 수 있다.

INGREDIENTS

딸기 1컵

우유 1컵

레몬 1/2개

설탕 2스푼

HOW TO

믹스 통에 잘 씻은 딸기의 꼭지를 제거하여 넣는다.

설탕 두 스푼을 넣고, 마늘 찧는 방망이로 딸기의 과육이 골고루 찢어지게 눌러준다.

레몬 반 개의 즙과 얼음을 가득 채운 후 우유를 붓고 뚜껑을 닫은 다음 강하게 흔들어 준다.

Tip 우유의 단백질 성분과 레몬의 산이 만나 순간적으로 젤화(gelation-젤화단백질의 액틴필라멘트와의 결합)현상이 일어나 마치 잘 발효된 요거트의 풍미를 제공해 준다.

투명하고 예쁜 잔을 골라 내용물을 모두 담고, 딸기를 잔 위에 꽂거나 올리면 눈과 입이 행복한 가족 건강 음료가 탄생한다.

딸기의 당도에 따라 설탕 또는 시럽을 첨가하여 즐긴다.

THE HOMEMADE ORGANIC MIX DRINK

STRAWBERRY
딸기

STRAWBERRY & BANANA
딸기와 바나나

본인이 생과일주스 마니아라면 언젠가 딸기와 바나나를 함께 갈아낸 주스를 맛봤을 것이다.

포만감과 함께 피부 미용에도 좋은 신선한 딸기의 식감과 부드러운 바나나를 한 잔에 담아 보자.

INGREDIENTS

딸기 1컵

바나나 1/2개

우유 1/2컵

설탕 2스푼

HOW TO

믹서기에 재료를 한 번에 넣고, 각 얼음 5알과 함께 갈아낸다.

Tip 이때 딸기의 톡톡 터지는 식감을 살려내기 위해 믹서기의 전원을 켰다/껐다'를 여러 번 반복하면서 갈아낸다.

예쁜 잔에 담고, 딸기로 연출하면 완성된다.

THE HOMEMADE ORGANIC MIX DRINK 020 021

MY FRIDGE 냉장고를 털어라!

STRAWBERRY
딸기

STRAWBERRY & JUICE
딸기 주스

입안에서 톡톡 터지는 신선한 딸기주스를 들이킬 생각을 하면 나른한 춘곤증도 저 멀리 달아난다.

화려한 색감과 새콤달콤한 맛을 찾는다면 단연 딸기주스다.

INGREDIENTS

딸기 2컵

설탕 1스푼

HOW TO

믹서기에 재료를 넣고, 살짝 갈아 주면 완성된다.

투명한 잔에 담고 새콤달콤한 딸기 주스를 즐긴다.

MY FRIDGE 냉장고를 털어라!

LEMON
레몬

노란 색깔이 제공하는 신선함과 시큼한 맛에서 느껴지는 상큼한 레몬은 비타민 C를 많이 함유해 감기를 예방하고 피부 트러블에 효과가 있다. 또한 레몬이 함유한 구연산은 피로회복을 도우며, 홍차와 궁합을 이룬다.
좋은 레몬은 만졌을 때 말랑한 것과 껍질을 자극했을 때 향과 광택이 풍부하고 무게감이 있는 것이 좋으며, 잘 씻어 바로 사용하는 것이 좋다.

7월 초부터 10월 말까지가 제철이나 일 년 내내 공급이 원활하다. 100g당 31kcal를 함유하고 있다.

NEXT ▶▶▶
레몬 디톡스
마누카 허니와 레몬 디톡스
레몬 셔벗

MY FRIDGE 냉장고를 털어라!

LEMON
레몬

LEMON
레몬 디톡스

매일 아침 비타민 섭취를 알약으로 대체하면서 피로가 풀리길 바라고, 건강해질 것이라는 믿음을 갖고 있다면 다시 생각해 보자. 어떤 합성비타민도 천연의 비타민은 따라올 수 없다.

몸에 해로운 바이러스로부터 면역력을 길러주고 신장과 피부 등을 통해 노폐물을 배출하는 좋은 방법으로 레몬 디톡스를 소개한다. 몇 해 전부터 할리우드 스타들이 즐기면서 피로회복은 물론 피부미용과 다이어트에도 좋다고 하여 국내에서도 유행하게 되었다.

INGREDIENTS

레몬 1/2개

물 200mL

HOW TO

시원한 물에 레몬 즙을 충분히 짜낸 다음 공복에 마신다.

Tip 신맛이 자극적이게 느껴 질 경우, 약간의 설탕 시럽이나 탄산을 곁들이면 더욱 부드럽게 즐길 수 있을 것이다.

MY FRIDGE 냉장고를 털어라!

LEMON
레몬

"레몬 디톡스는 어떤 맛일까?"

레몬 디톡스의 맛은 그냥 신맛만 난다. 마치 약을 마시듯, 본인 스스로 최면을 걸면서 '피부야 좋아져라', '내 살들아 빠져라' 하며 주문을 외우고 있지 않은지 의문이다. 세상 사람들의 입맛은 다양하다. 나는 단맛을 그리 좋아하지 않아 신맛을 즐기지만 이것 역시 지극히 나의 취향일 것이다. 레몬의 신맛을 부담스러워하는 이들에게 맛있는 레몬 디톡스를 즐기는 방법을 소개한다.

레몬과 어울리는 달콤한 맛을 연출하는 건강 재료를 선택하는 것인데, 바로 유자청과 마누카 꿀이다. 레몬의 신맛에 달콤한 유자청 한 스푼 또는 마누카 꿀을 첨가한다면 맛있는 레몬 디톡스로 우리 몸에 유익한 효능을 제공할 것이다.

세계 10대 수퍼푸드하면 떠오르는 것이 무엇이 있을까?

'블루베리'가 가장 잘 알려졌지만 여기 잘 알려지지 않은 또 하나의 수퍼푸드가 있다. 바로 마누카 허니[Manuka Honey]다. 뉴질랜드의 특산물로 벌들이 과일즙을 먹고 꿀을 만들어내는 특별한 토착 식물의 이름을 딴 것이다. 마누카나무, 또는 뉴질랜드 차나무[Leptospermum scoparium]는 작은 잎이 달리는 무성한 관목으로, 하얀색에서 분홍색의 꽃을 피운다. 마음을 안정시키는 효과가 있는 특유의 향기에 더해 유칼립투스 향이 배어 있어 마누카나무는 냉훈용으로 인기 있는 장작이다.

오스트레일리아 차나무[Melaleuca]를 비롯, 해외에서 '차나무'라고 알려져 있는 다른 온갖 관계없는 식물들처럼 마누카에서 얻은 기름 역시 곤충들을 쫓고 살균하는 데에 쓰인다. 마누카 과즙으로 만든 꿀은 살균 효과가 매우 뛰어나 상처를 치료할 수 있을 정도다. 이것을 '액티브 마누카 허니'라고 광고하는데, 그 효능은 UMF[Unique Manuka Factor의 약자]로 수치화한다. UMF10 이상이면 만족할 만하다. 와이타코 대학교는 마누카 꿀의 치유 효과 연구에 있어 선봉 역할을 하고 있는데, 균으로 인한 피부병과 궤양은 물론 내과 질환 및 소화불량에도 효험이 있다고 한다.

MY FRIDGE 냉장고를 털어라!

LEMON
레몬

MANUKA HONEY & LEMON DETOX
마누카 허니와 레몬 디톡스

달콤하고 고소한 풍미의 레몬 디톡스는 나의 건강뿐만 아니라 기분까지 좋게 해 준다.

값비싼 상점에서 마시는 그 어느 레몬 디톡스 보다 더 가치 있는 한 잔을 맛보자.

INGREDIENTS

레몬 1/2개

물 200mL

마누카 꿀 1스푼

HOW TO

레몬즙 반 개를 충분히 짜낸 다음 마누카 꿀을 한 스푼 넣고, 잘 저어준다.

여기에 얼음을 채우고, 미네랄 워터 또는 탄산수를 곁들이면 더욱 맛있고 건강한 레몬 디톡스를 즐길 수 있다.

MY FRIDGE 냉장고를 털어라!

LEMON
레몬

LEMON SORBET
레몬 셔벗

이유 없이 입맛이 없을 때, 식욕을 돋우게 하는 동시에 플라스틱 통에 든 비타민보다 더 유익한 음료를 소개한다.

레몬을 이용한 셔벳을 만들어 냉동실에 넣었다가 깜짝 간식으로 선보이면 일그러진 내 아이의 얼굴에 미소를 띠게 하는 매력적인 음료가 된다.

INGREDIENTS

레몬 2개

물 1컵

꿀 3스푼

HOW TO

레몬을 소금물에 깨끗이 씻고 가로 방향으로 반을 잘라 즙이 충분히 나오도록 짜서 믹서기에 넣는다.

물 한 컵과 꿀 3스푼을 넣고 충분히 녹도록 믹서기를 돌린 다음 얼음판에 넣고 냉동실에 얼려 둔다.

핸드 믹서기를 이용하여 냉동실에 넣어 두었던 레몬 얼음을 잘게 부셔서 아기자기한 잔에 넣고 티스푼으로 보기 좋게 담는다.

Tip 레몬 껍질을 잘게 긁어서 올려주면 향긋하고 보기 좋은 레몬 셔벳이 완성된다.

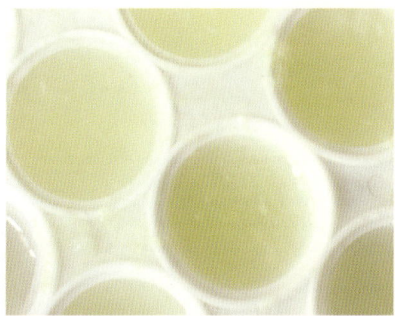
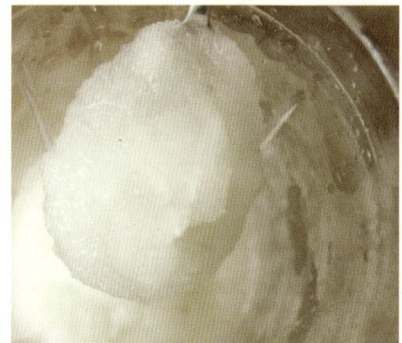

MY FRIDGE 냉장고를 털어라!

HALLABONG
한라봉

대표적인 옐로푸드의 고급 감귤류 한라봉은 1972년 일본 농림성 과수시험장 감귤부에서 교배해 육성한 교잡종 감귤의 품종명으로. 한국에 1990년을 전후해 도입되었다. 일본의 품종명은 부지화이고, 이 가운데 당도·색채 등 품질이 우수한 상품은 데코폰이라는 특화된 상표로 유통된다. 한라봉은 이 품종이 제주도에서 재배되면서 새롭게 명명된 것으로 당도와 산도가 더욱 풍부하며, 한라봉은 카로티노이드 성분이 함유되어 있어 뛰어난 항산화제로 알려졌으며, 재미나게 생긴 모양과 비타민의 보고로 제주도 여행을 가면 꼭 한번 먹어봐야 하는 맛있는 과일이다. 한라봉은 열량이 낮아 다이어트에 효과적이고, 철분을 많이 함유해 브로콜리와 함께하면 철분의 체내 흡수에 도움을 준다. 좋은 한라봉의 선별법은 껍질이 얇은 것이 당도가 높고, 주름이 많은 것보다 탄탄한 것이 좋으며, 색이 진한 것이 당도와 산도의 조화가 잘 이뤄져 있다. 상온에서 보관하면 당도가 높아진다. 12월 초에서 3월 말까지가 제철이며, 100g당 약 48kcal를 함유하고 있다.

NEXT ▶▶▶
한라봉 에이드

MY FRIDGE 냉장고를 털어라!

HALLABONG
한라봉

HALLABONG ADE
한라봉 에이드

온종일 갈증이 나서 물을 몇 컵이나 마셨는지 모른다면, 한라봉 에이드를 권한다.

그냥 먹어도 맛있는 한라봉이지만 탄산수와 함께하면 과육이 입안에서 톡톡 터지는 재미있는 식감과 함께 시원한 청량감을 느낄 수 있을 것이다.

INGREDIENTS

한라봉 1개

탄산수

설탕 3스푼 또는
꿀 1스푼

HOW TO

한라봉을 세워 가로 방향으로 반을 자른 다음 스퀴져[레몬 또는 오렌지즙을 짜는 도구]에 올려두고 좌우로 눌러 돌린다. 이때 즙과 과육이 충분히 나오게 하여 투명하고 예쁜 잔에 담는다.

설탕은 한라봉의 당도에 따라 넣는데, 보통 설탕 3스푼이면 꿀 1스푼의 당도를 얻을 수 있다.

기호에 따라 설탕을 넣고 잘 저은 다음 얼음을 가득 넣고, 탄산수[사이다, 스프라이트, 소다수 등]를 끝까지 채운다.

잘 저은 다음 한라봉의 껍질을 깨끗이 씻어 연출하면 색과 맛이 잘 어우러진 갈증해소 음료가 완성된다.

에이드(ade)

과육의 즙과 물을 이용하여 만든 음료이지만 국내에서는 물 대신 탄산수를 넣는 것으로 알려졌다.

스쿼시(squash)

과육의 즙과 함께 청량감을 위해 탄산수를 넣는 것으로 외국이나 BAR에서는 '스쿼시'라 말해야 탄산을 함께 넣어서 만들어 준다.

MY FRIDGE 냉장고를 털어라!

GRAPEFRUIT
자몽

한국 사람은 단맛과 신맛이 함께하는 '새콤달콤한' 맛을 좋아한다. 편의점에 즐비한 음료 중 판매가 잘 되는 제품은 당도와 산도의 밸런스를 적당히 맞춘 것이 인기가 있다.

하지만 자몽은 단맛과 신맛에 쓴맛까지 포함하고 있어 이색적인 맛을 제공하며, 즙이 풍부하여 반 개만 먹어도 하루에 필요한 비타민 C를 충분히 섭취할 수 있다.

NEXT ▶▶▶
자몽 주스

GRAPEFRUIT JUICE
자몽 주스

INGREDIENTS

자몽

HOW TO

자몽을 반으로 자르고, 즙을 짜는 스퀴져에 좌우로 비틀면 풍부한 과즙이 나온다.

얼음이 담긴 잔에 담고, 자몽을 얇게 썰어 연출한다.

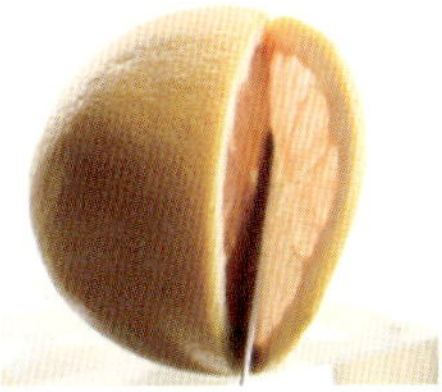

SHOTT MANUKA HONEY GINGER SYRUP
마누카 샷 시럽

지난봄 누군가 뉴질랜드 유기농 시럽을 소개해줬는데, 지금껏 가졌던 인공 시럽에 대한 편견과 오해가 말끔히 해소되는 느낌을 받았다. 바로 뉴질랜드에서 날아온 샷[SHOTT] 시럽으로 모든 시럽의 주재료가 천연 과육 또는 과즙으로 만들어진 것이다.

보통 우리가 알고 있는 퓨레[Puree]와 시럽의 중간 단계로 음료에 희석도 잘 되고, 과즙이 60% 이상 함유되어 있다. 그중에서 마누카 꿀과 생강을 이용하여 만든 시럽과 음료를 소개한다.

NEXT ▶▶▶
마누카 꿀을 곁들인 생강 에이드와 따뜻한 차

THE HOMEMADE ORGANIC MIX DRINK   040 041

MANUKA HONEY & GINGER
마누카 꿀을 곁들인 생강 에이드와 따뜻한 차

음료에 웬 생강인가 하겠지만 외국에서는 생강으로 만든 음료가 꽤 많이 존재한다.

그중 아프리카나 자메이카에서 무더운 날씨를 견뎌내기 위해 마시는 음료로 생강을 이용한 진저엘이 있다.

자, 그럼 허니 진저시럽으로 간단하게 음료를 만들어 보자.

INGREDIENTS

샷 마누카 허니
진저시럽 30mL

물 1컵 또는
뜨거운 물 1컵

HOW TO

투명한 잔에 물을 반쯤 넣고, 샷 마누카 진저시럽을 풀어 준다.

여기에 얼음과 물을 넣고 저으면 완성된다.

따뜻한 차로 즐기고 싶다면 따뜻한 물에 시럽을 넣고 저어서 즐기면 향긋한 생강의 향과 달콤한 마누카 꿀이 어우러져 이색적인 맛과 향을 즐길 수 있다.

ABOUT WATER
물 이야기

현재 세계의 먹는 물 시장은 고급 미네랄워터 시장으로 확산되고 있다. 기름보다 더 비싼 물들이 즐비하고 사람들은 이것에 호응한다. 이처럼 종류가 많은 비싼 물들을 더 이상 디자인만을 보고 선택하지 말자.

물은 맛[pH], 느낌[경도], 무기물 함유량[TDS], 품질[청결]로 평가하는데 이것에 취수지와 마케팅이 또 다른 역할을 한다. 또한 여기에 항상 붙여야 하는 칼로리는 당연히 ZERO이다.

만약 워터바[Water bar]를 꿈꾸고 있다면 눈을 크게 뜨고 집중하자.

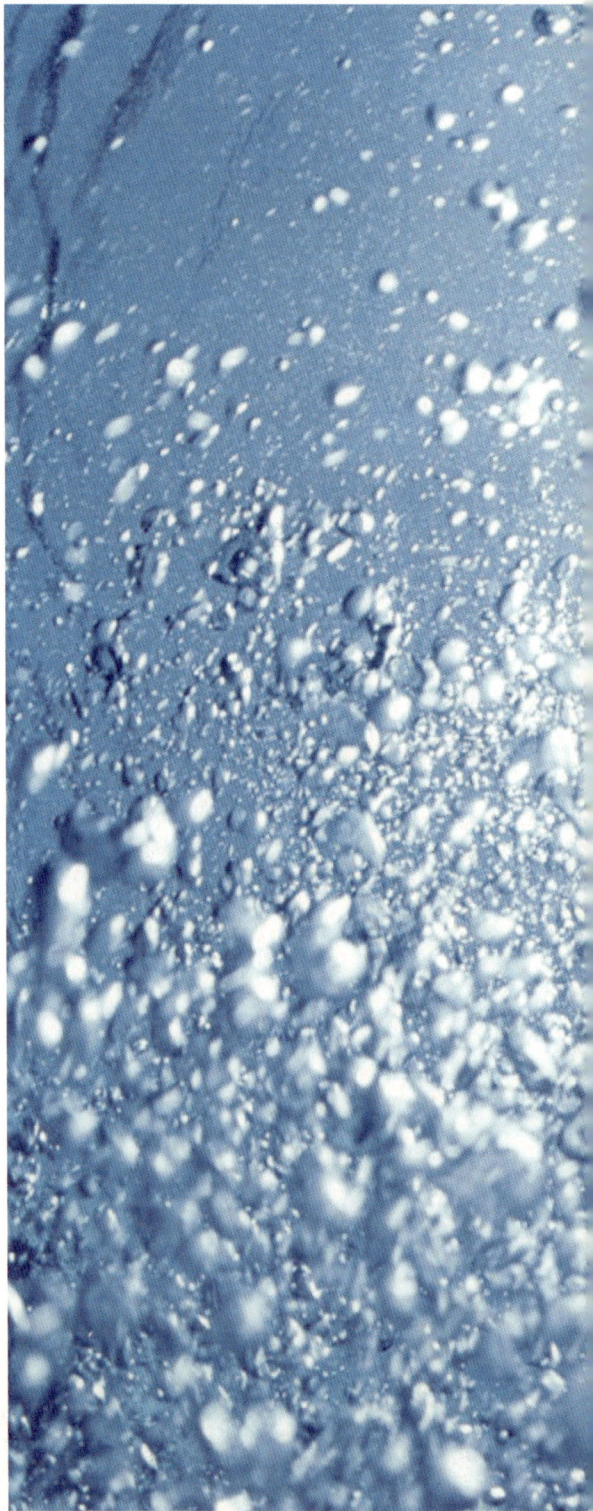

NEXT ▶▶▶
세계의 여러 가지 물

Gerolsteiner sprudel ❶
게롤슈타이너

1888년 게롤슈타이너 탄산수는 독일 1위의 생수 브랜드로 탄생하여 독일 서부 화산지역에서 나오는 천연 탄산으로 미네랄이 풍부하고 부드러운 끝 맛을 지니고 있다. 특히 화산 암석에서 생겨난 물로 348m/L의 높은 칼슘성분과 마그네슘성분 108m/L을 함유하여 자연 그대로의 순수함을 지니고 있다.

VOSS ❷
보스

노르웨이 남부 청정지역을 고스란히 담은 프리미엄 샘물 VOSS는 정갈하면서도 독특한 맛으로 미네랄 함유량이 적고, 가장 순수한 샘물로 알려져 있다. 감각적인 디자인은 Calvin Klein의 Neil Kraft에 의해 고안되었으며, 빙하퇴적층 아래에서 자연스럽게 솟아오르는 천연 지하 암반수를 그대로 담았다.

NORDENAUER ❸
노르데나우 먹는 샘물

노르데나우 샘물은 세계 3대 명수로 독일 뒤셀도르프에서 100Km 떨어져 있는 사우어란트 동쪽 노르데나우에서 흘러내려 오는 샘물이다. 최근 연구결과 신비한 효능의 물로 알려져 있어 주목받고 있는 물이다.

EVIAN ❹
에비앙

프랑스 알프스 산맥에서 취수한 물로 미네랄워터 중 빙하수에 속하는 물이다. 철저한 위생과정을 자랑하며, 미네랄이 풍부해 마실 때 끈적거리는 점성을 느낄 수 있다. 이는 미네랄이 전하는 메시지라고 한다.

FIJI WATER ❺
피지워터

피지 워터는 지질적으로 보존되고 오염으로부터 보호된 피지의 대수층으로부터 끌어올린 천연 지하 암반수이다.
피지 워터의 생산지는 피지의 큰 두 개의 섬 중 하나인 피티 레부의 외딴 야카라 계곡으로 원시림의 수백 피트 아래 광대하고 독특한 지하 대수층에서 물을 끌어 올린다고 한다.

ACQUA PANNA ❻
아쿠아파나

이탈리아에서 인기를 얻고 있는 물 아쿠아파나는 탄산이 함유되지 않은 깔끔한 맛의 미네랄워터이다. 부드러운 맛과 목 넘김으로 음식, 와인과 좋은 밸런스를 나타낸다.

WILDALP ❼
와일드알프

와일드알프 베이비 워터는 세계적인 청정지역 중 하나인 오스트리아 남 알프스 산맥의 와일드알펜에서 취수하여 자연을 그대로 담은 베이비워터이다. 와일드알프는 면역체계가 불안정한 아기의 분유, 이유식과 함께 또는 영유아의 음료수 대용으로 사용하기에 좋은 베이비 워터이다.

AZZURRA ❽
아쭈라

아쭈라 탄산수는 알프스산맥 북동지역에 위치한 Vicenzaittle 지역의 돌로마이트 암반층에서 취수하는 자연 용천수로 부드러운 기포와 깔끔한 뒷맛이 남는 것이 특징이다.

S.PELLEGRINO ❾
산펠레글리노

산펠레글리노는 이탈리아 알프스 언덕의 700미터 깊이의 온천수로 만들어진다. 긴 천연여과 과정을 거친 고순도의 독특하고 훌륭한 품질의 스파클링 워터로, 기분 좋은 냄새가 나며 입안에서는 약간의 산도와 상쾌함이 느껴진다.

FERRARELLE ❿
페라렐레

Ferrarelle은 높은 수준의 이탈리아 스파클링 천연 미네랄워터의 자리를 차지하고 있다. 나폴리에서 멀지 않은 화산 진원지로 알려진 Roccamonofina의 화산위로 빗방울이 바위를 통과해서 땅 아래로 스며든다. 그 물이 바위를 통과하여 10년간 15Km를 이동하며 정화되면서 칼슘, 칼륨, 이산화규소, 중탄산염, 미네랄이 첨가되었다. 그런 다음 마지막으로 탄산가스를 만나, Ferrarelle 미네랄워터로 탄생하게 된다.

PERRIER ⓫
페리에

Perrier는 프랑스 남부 지방의 Vergeze[베르게즈]에서 생산되는 천연 탄산수로, 생수로는 유일하게 기네스북에 오를 정도로 전 세계 탄산수 시장 점유율 1위를 고수하고 있다. 또한 칵테일 음료 문화를 선도하기 위해 럭셔리 보드카 그레이구스와 다양한 아이템을 개발하며, 전 세계 5대 BAR를 선정하여 소개하는 등의 마케팅을 펼치고 있다.

OGO ⓬
오고

루이비통 디자이너인 Ora Ito가 디자인한 오고 탄산수는 세계적인 청정지역 네덜란드에서 탄생한다. 일반 물의 35배의 산소함유[음용 후 15분 이내 혈액 내의 산소량 증가]를 자랑한다.

MY FRIDGE 냉장고를 털어라!

CUCUMBER
오이

수분이 가득한 오이는 몸속 수분밸런스를 유지해주며, 식욕을 자극하는 여름을 대표하는 채소이다. 또한 오이의 이소크엘시트린 성분이 몸의 부기를 빼는 효과를 나타내며, 칼로리가 낮고 지방함량이 적어 다이어트에 적합한 식품이다. 하지만 무와 함께 섭취하면 아스코르비아나제라는 효소가 오이 속에 든 비타민 C를 파괴한다.

좋은 오이는 녹색이 짙고 가시가 있으며, 탄력과 광택이 함께해야 한다. 굵기가 고르고 꼭지의 단면이 싱싱한 것이 좋으며, 꼭지 부분의 쓴맛은 물에 녹지 않고 열에 강하기 때문에 제거하고 먹는 것이 좋다. 신문지에 싸서 비닐봉지에 담아 냉장고 채소실에 보관한다. 4월 초부터 7월 말까지가 제철이며, 100g당 9kcal의 열량을 함유하고 있다.

NEXT ▶▶▶
오이와 한라봉 주스

CUCUMBER
오이

CUCUMBER & HALLABONG
오이와 한라봉 주스

그동안 오이를 피부 마사지와 반찬으로만 이용했다면 여기를 주목하라! 녹즙기에 채소만 넣고 쓴맛을 견디며 아침마다 억지로 마시는 가족들, 여기 다이어트와 비타민이 가득한 건강 음료를 준비해 보자.

INGREDIENTS

오이 1개

설탕 1스푼

한라봉 1개

HOW TO

오이를 흐르는 물에 깨끗이 씻고 끝 부분 약 2cm가량을 제거한 다음 적당한 크기로 잘라서 착즙기에 넣는다. 약 1/3컵의 즙이 얻어지면, 투명하고 예쁜 잔에 담고 설탕 한 스푼과 함께 잘 저어준다.

얼음을 가득 넣고 한라봉을 스퀴져에서 손으로 짜서 잔에 담는다.
달콤한 한라봉 내음과 오이의 풋풋한 향이 오묘한 조화를 이뤄 내며 수분공급과 풍부한 비타민으로 아침 활력을 도울 것이다. 오이를 길고 얇게 썰어 잔에 넣어주면 가족을 위한 스타일리시한 건강음료로 탄생한다.

Tip 착즙기에서 다 짜고 난 오이의 찌꺼기는 세안 후에 오이 마사지로 즐기면 좋다.

MY FRIDGE 냉장고를 털어라!

PLUM
매실

피로회복과 소화를 도와 우리 몸에 유익한 매실은 식이섬유가 많고 저열량, 저지방으로 다이어트에도 좋다.

국내에서는 주로 매실주와 매실엑기스, 장아찌로 이용되고 있으며, 매실의 피크르산이 독성 물질을 분해하기 때문에 회와 함께 먹으면 살균작용을 돕고, 소화가 되지 않을 때 먹으면 좋다. 매실은 색이 선명하고 알이 고르고 단단한 것이 좋으며, 껍질에 상처가 나지 않은 것이 좋다. 흐르는 물에 여러 번 깨끗이 씻어 냉장 보관한다.

5월 초부터 6월 말까지가 제철이며, 100g당 약 29kcal를 함유하고 있다.

NEXT ▶▶▶
매실청 담그기
매실 에이드
매실과 두부 푸딩

PLUM
매실

HOME MADE PLUM JAM
홈메이드 매실청

우리 몸에 유익한 매실도 아쉽게 사계절 내내 곁에 함께 하지 못한다. 매실이 가장 신선할 때 구입하여 집에서 설탕을 이용하여 간단하게 청으로 만들어 두면 일 년 내내 가족 건강을 돌볼 수 있는 건강식품으로 안성맞춤이다.

INGREDIENTS

매실 1kg

백설탕 1kg
더 많은 양이 필요하다면 매실과 설탕을 1:1 비율로 알맞게 준비한다.

HOW TO

잘 고른 매실을 깨끗이 씻어 이쑤시개 또는 포크를 이용하여 꼭지를 제거한다.

한 번 더 찬물에서 헹궈 내서 물기를 제거한 다음 밀폐 가능한 유리 또는 도자기 용기를 준비한다. 용기는 뜨거운 물 또는 전자레인지 안에서 1분 정도 소독을 마친 다음 물기를 제거하고, 매실과 백설탕이 골고루 섞이도록 담는다.

용기의 윗부분은 설탕을 두껍게 덮어 주고, 랩을 싸서 용기를 밀폐한다.
2~3개월 정도면 매실의 수분이 설탕과 결합하여 영양 가득한 매실청이 완성된다.

중간에 설탕이 골고루 녹도록 용기를 흔들어 주거나 저어서 설탕이 완전히 녹으면 매실이 쪼그라드는데 이때 매실만 건져서 소화가 잘되지 않을 때 씹어 먹거나 간식으로 활용하면 좋고, 양념을 곁들여 장아찌로도 활용한다.

THE HOMEMADE ORGANIC MIX DRINK

MY FRIDGE 냉장고를 털어라!

PLUM ADE
매실 에이드

상큼하고 달콤한 매실 에이드는 디저트로 마시면 소화를 돕고, 입안이 텁텁할 때 침샘을 자극하여
입속을 개운하게 하는 효과가 있다.

INGREDIENTS

매실청 3스푼

탄산수

HOW TO

투명하고 예쁜 잔에 매실청을 넣고, 탄산수를 약간 넣은 다음 충분히 섞이도록 저어준다.

여기에 얼음을 가득 넣고, 탄산수를 가득 채운 다음 저어주면 상큼하고 맛있는 매실 에이드가 완성된다.

여기에 매실청에 들어있는 매실 두 개를 올려보자.
보기 좋은 떡이 맛도 좋다고 하지 않던가.

PLUM & TOFU FUDDING
매실 두부 푸딩

아침에 소화가 잘 되지 않아 식사를 거르는 사람들에게 추천하고 싶은 간단 음료 아니 요리라고 하자.

INGREDIENTS

매실청 3스푼

생식용 두부 1/2

HOW TO

두부를 예쁜 접시에 담아내고 매실청 3스푼을 곁들이면 고소한 두부의 맛과 상큼한 매실의 향이 절묘한 조화를 이뤄 바쁜 일상 속에서 간편한 아침 식사 대용으로도 좋다.

MY FRIDGE 냉장고를 털어라!

KIWI
키위

키위는 새콤달콤한 맛으로 남녀노소에게 사랑받는 과일 중 하나다.
비타민이 오렌지나 사과보다 월등히 높으며, 식이섬유소도 풍부하다.

옛 어른들은 키위를 '다래'라고 부르는데, 이는 크기와 모양에 따라 구분을 한다고 한다.
키위는 둥글며 다래보다 크고 씨가 고르다. 입안에서 톡톡 터지는 키위의 씨는 상큼함을 더한다.

NEXT ▶▶▶
키위 에이드

KIWI ADE
키위 에이드

INGREDIENTS

키위 1개

물 1컵

HOW TO

키위를 반으로 자른 다음, 레몬을 짜는 스퀴져에서 돌리면 키위를 깎지 않고도 과즙을 쉽게 얻을 수 있다. 이를 얼음이 든 잔에 넣고, 물을 채워서 저어주면 완성된다. 키위를 얇게 썰어 연출한다.

MY FRIDGE 냉장고를 털어라!

MUGWORT
쑥

쑥은 미네랄이 풍부하고 알칼리성 식품으로 몸을 따뜻하게 해 부인병에 효과가 있다.
또한 지방대사를 도와 다이어트에도 효과적이고, 몸이 찬 사람이 마시면
체질 개선의 효과가 있다. 좋은 쑥은 줄기가 뻗어 나가지 않고 응달에서 나온
어린 쑥이 좋으며, 부드러운 잎에서 진한 향과 맛이 나온다.
이른 봄에 어린 쑥을 따서 삶아 냉동실에 보관하며 1년 내내 이용할 수 있고,
짧은 기간은 수분이 약간 남아 있게 말려 공기가 잘 통하는 곳에서 보관한다.
사용하기 전에 소금물에 헹구면 좋다.

3월 초부터 말까지가 제철이며, 100g당 약 18kcal를 함유하고 있다.

NEXT ▶▶▶
쑥 스무디

MY FRIDGE 냉장고를 털어라!

MUGWORT
쑥

MUGWORT SMOOTHIE
쑥 스무디

시중에서 판매하는 그린 티 스무디와 녹차 아이스크림과 같은 느낌이지만 영양소는 한참 위인 쑥 스무디를 소개한다. 가족들 식사 시간이 맞지 않을 때 영양간식으로 즐기면 좋다.

INGREDIENTS

햇볕에 말린
쑥 가루 2스푼

우유 1컵

저지방 아이스크림 또는
바닐라 아이스크림 1/2컵

설탕 1스푼

HOW TO

믹서기에 각 재료와 얼음 5개를 넣고 갈아낸다.

약간 뻑뻑한 느낌이 되면, 투명하고 예쁜 잔에 담아낸다. 아이들을 위해 시리얼과 말린 과일을 잘게 썰어서 올려주면 영양만점 간식이 완성된다.

스무디 SMOOTHIE의 유래

'스무디[Smoothie]'는 딸기, 바나나, 망고, 각종 베리 등의 다양한 천연 과일과 몸에 좋은 건강식 재료와 우유, 천연향료, 과일 추출물, 터비나도 등의 부재료를 섞어서 만든 기능성 과일음료이다. '스무디'는 1973년 '스티브 쿠노'가 개발하였는데, 당시 '스티브 쿠노'는 알레르기와 저혈당 증세 때문에 먹는 것에 상당한 고생을 하고 있었고, 이를 해결하기 위해 얼마든지 먹어도 괜찮고 식사 대용으로 할 수 있는 먹거리를 직접 만들게 된 것이다.

쿠노는 군 간호사 출신이었기에 영양학적 균형과 기능성, 맛까지 고려한 스무디가 탄생할 수 있었던 것이다. 건강을 위해 탄생한 스무디는 미국에서 30년이 넘는 세월 동안 전문매장이 기하급수적으로 늘어나면서 인기를 독차지하게 되었고 전 세계로 확산되어 많은 이들이 즐기는 음료가 됐다.

스무디 베이스에 각종 과일과 시리얼을 첨가해 즐길 수도 있다. 유통기한이 다 되어 가는 요거트에 좋아하는 과일을 넣고 조각 얼음 반 컵과 함께 믹서기에 갈면 아침 식사 대용으로도 좋다.

THE HOMEMADE ORGANIC MIX DRINK   062 063

RASPBERRY
복분자 覆盆子

예로부터 고운 빛깔의 기력보강제 복분자를 먹으면 요강을 엎을 정도의 기운이 솟는다고 하여 붙여진 이름이다. 저열량, 저지방 식품으로 다이어트용으로 먹어도 좋으며, 안토시아닌계 화합물질로 항산화작용이 뛰어나다. 또한 비타민 A, C등과 각종 미네랄이 풍부하여 피로회복과 노화방지에 좋고, 장어와 함께 먹으면 비타민 A의 작용을 더 배가 시킨다. 좋은 복분자는 빨간빛을 띠고 탄탄한 것이 산도와 당도가 높다.

흐르는 물에 여러 번 깨끗이 씻어 밀봉하여 냉장 보관한다. 복분자는 약재로 분류되며 6월 초부터 8월 말까지 제철이다. 100g당 약 53kcal를 함유하고 있다.

RASPBERRY YOGURT
복분자 요거트

INGREDIENTS

복분자 1컵

우유 1컵

레몬 1/2개

설탕 2스푼

HOW TO

믹스통에 흐르는 물에 씻은 복분자와 설탕 두 스푼을 넣고, 마늘 찧는 방망이로 복분자의 과육이 골고루 찢어지게 눌러준다.

레몬 반 개의 즙과 얼음을 가득 채운 후 우유를 붓고 뚜껑을 닫은 다음 강하게 흔들어 준다. 그러면 우유의 단백질 성분과 레몬의 산이 만나 순간적으로 겔화 현상이 일어나 마치 잘 발효된 요거트의 풍미를 제공해 준다.

투명하고 예쁜 잔을 골라 내용물을 모두 담고, 복분자를 잔 위에 꽂거나 올리면 눈도 즐겁고 맛도 좋아 기운이 솟아난다.

MY FRIDGE 냉장고를 털어라!

TOMATO
토마토

채소류로 분류되는 토마토는 레드푸드의 대표 식품으로 동맥경화와 간경화에 좋다. 토마토는 열량이 낮아 다이어트 식품으로 으뜸이며, 각종 채소와 함께 샐러드나 주스로 많이 이용된다. 좋은 토마토는 과실이 크고 단단한 것, 빛깔이 선명하고 꼭지가 시들지 않으며 초록색을 띤 것이 좋다.
흐르는 물에 깨끗이 씻어 햇볕이 들지 않는 곳에 보관한다.

7월 초부터 9월 말까지가 제철이며, 100g당 약 14kcal의 열량이 들어있다.

NEXT ▶▶▶
토마토 에센스
토마토 주스
토마토 샐러리

THE HOMEMADE ORGANIC MIX DRINK   066 067

TOMATO
토마토

TOMATO ESSENCE
토마토 에센스

투명하고 맑은 토마토 주스를 본 적이 있는가?

언젠가 요리사인 친구로부터 애피타이저로 제공되는 토마토 에센스를 만드는 과정을 우연히 보았다.

토마토의 텁텁한 맛이 부담스러워 자신의 취향이 아니라는 이들에게 꼭 한번 권하고 싶은 음료이다. 만드는 시간이 다소 길어 인내가 필요하지만 한 모금을 넘기는 순간 그 매력에 빠져들 것이다.

INGREDIENTS

짭짤이 토마토 5개

물 1컵

HOW TO

짭짤이 토마토 5개를 곱게 갈아 낸 다음 물과 함께 섞는다.

큰 용기 위에 명주 천을 고무줄로 고정시킨 다음 1~2시간 정도 냉장고에서 자연스럽게 내리면 완성된다.

THE HOMEMADE ORGANIC MIX DRINK 068 069

MY FRIDGE 냉장고를 털어라!

TOMATO
토마토

TOMATO JUICE
토마토 주스

토마토 주스로 건강한 아침을 맞이하자!

나 자신도 나이에 적응하는 뱃살을 인정하고 싶지 않아 다이어트 중이다.
늦은 저녁과 아침마다 밀려오는 배고픔에 시달릴 때면 냉장고를 열고 주스를 만든다.
그 결과 2주 만에 건강한 -5kg의 효과를 맞이했다.

INGREDIENTS

토마토 2개

녹차 1컵

HOW TO

토마토를 흐르는 물에 깨끗이 씻고, 꼭지 부분과 심지를 가볍게 제거한다.
대충 잘라서 믹서기에 넣고, 차가운 녹차 한 컵과 함께 갈아 낸다.

예쁜 글라스에 담고, 빨대를 이용하지 않고 마시면 포만감과 함께
배고픔을 달랠 수 있다.

MY FRIDGE 냉장고를 털어라!

GOOD-BYE HANGOVER
토마토 샐러리로 숙취해소

서양에서는 오래전부터 토마토를 이용하여 숙취 해소를 해왔다. 또한 수분을 많이 함유하고 있는 채소로 몸에 있는 독소를 빠른 시간 내에 배출해 주는 효과가 있다. 그래서 음료 중에 블러디 메리[Bloody marry]라는 칵테일이 널리 알려져 있는 이유 중 하나이다. 술 마신 다음날 먹는 콩나물국이나 해장국은 염분이 많다는 단점도 있다. 건강한 숙취 해소를 위해서는 많은 수분 공급과 비타민이 필요하다. 여기 오래전부터 전해오는 토마토와 샐러리를 이용한 숙취 해소 음료를 소개한다.

샐러리

서양식 미나리로 잘 알려진 샐러리는 아삭아삭 씹히는 식감과 독특한 향을 지니고 있으며, 비타민 B1,2가 풍부해 인체에 해로운 일산화탄소를 몸 밖으로 배출하는 유익한 기능을 한다. 또한 샐러리 잎에 세다놀이라는 특수방향 성분이 함유되어 있어 몸의 열을 내려주고 피부를 진정시키는 작용과 불면증 해소에 도움을 주는 유익한 식품이다.

좋은 샐러리는 잎이 녹색이고 줄기는 연녹색인 것이 좋으며, 줄기의 요철 모양이 두드러지고, 대가 일정한 것이 신선하다. 샐러리는 단단한 심줄 부분을 제거하고 깨끗이 씻어 사용하며, 신문지에 싸서 냉장고에 보관하는 것이 좋다. 1월 초에서 12월 말까지 1년 내내 구할 수 있으며, 100g당 12kcal로 열량이 낮아 다이어트에 좋다.

INGREDIENTS

토마토 2개

샐러리 1/2줄기

물 1/2컵

HOW TO

토마토와 샐러리를 깨끗이 씻은 다음 토마토의 꼭지를 제거하고 믹서기에 갈아낸다. 이때 물을 반 컵 정도 넣어 주스의 농도를 묽게 만들고, 얼음 세 개를 함께 넣어 갈아낸다. 잔을 들 힘조차 없어 보이는 그들에게는 주스의 온도가 시원하지 않으면 입을 대자마자 잔을 내려 놓을 것이므로 온도를 차갑게 한다. 이를 마시기 쉬운 잔에 넣고, 샐러리 줄기의 껍질을 가볍게 제거하여 얇고 잘게 썰어서 올려준다. 염분이 없는 토마토의 짠 맛과 입안에서 아삭아삭 향긋하게 씹히는 샐러리로 숙취 해소는 물론 만들기도 쉬운 초간편 음료이다. 취향에 따라 소금, 후추, 오이스터소스[서양 간장], 타바스코소스를 조금씩 첨가하여 즐긴다.

WATERMELON
수박

시원한 과즙으로 이뇨작용과 수분 공급에 좋은 여름을 대표하는 수박은 몸이 자주 붓는 부종 환자와 다이어트 중인 사람에게 효과적이다. 하지만 이뇨작용으로 몸을 차게 하는 성분이 있어 맥주와 수박을 함께 섭취하면 좋지 않다. 좋은 수박은 껍질의 색이 선명하고 검은 선이 뚜렷하고 자른 단면의 색이 곱고 씨가 검은 것이 당도가 높고 신선하다. 수박은 수분이 많아 그대로 먹어도 시원하지만 냉장 보관하면 더욱 맛이 좋아진다.

7월 초부터 8월 말까지가 제철이며, 100g당 31kcal의 열량을 포함하고 있다.

WATERMELON JUICE
수박 주스

INGREDIENTS

수박 1/12조각

설탕 2스푼

물 1컵

HOW TO

수박을 먼저 반으로 자르고, 다시 반을 자른다. 준비된 1/4 조각을 다시 세 등분하여 붉은 부분만 믹서기에 갈아 낸다.

수박에는 씨가 많아 주스를 만들 때 하나하나 고르기 힘들기 때문에 투명한 컵에 붓고 잠깐 두면 씨가 가라 앉는다. 또는 중간 거름망을 이용하여 씨 조각을 걸러 내고 다시 설탕, 물과 함께 갈아내면 완성된다.

예쁜 잔에 담아 수박 껍질을 이용하여 눈을 즐겁게 하면 맛있는 수박 주스가 완성된다.

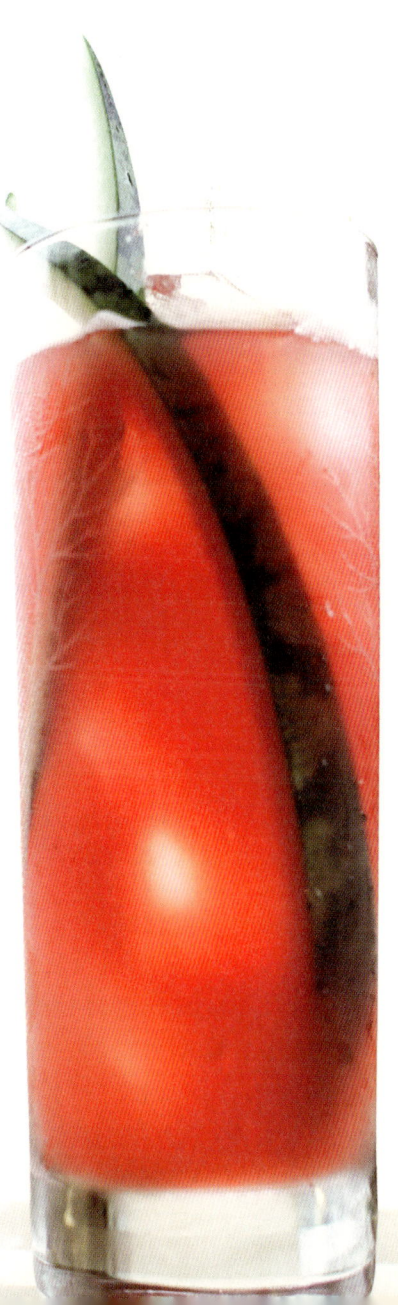

MY FRIDGE 냉장고를 털어라!

BLUEBERRY
블루베리

미국 타임지에서 선정한 10대 슈퍼푸드인 블루베리는 안토시아닌이 풍부해 항산화 작용을 도우며, 뇌세포의 노화를 방지해주는 역할과 망막세포 안 자줏빛 pigment를 생성시킨다. 식이섬유소가 풍부하고 저열량, 저지방으로 다이어트에 좋으며, 치즈와 함께 먹으면 칼슘과 지방을 보충하는 좋은 궁합을 이룬다. 좋은 블루베리는 진한 청색이 선명하고, 과실표면이 팽팽하고 균일하게 흰가루가 묻은 것이 맛있다. 흐르는 물에 깨끗이 씻어 밀폐용기에 냉장 보관한다. 7월 초부터 9월 말까지 제철이며, 열량은 100g당 56kcal이다.

NEXT ▶▶▶
블루베리 에이드
블루베리 스무디

MY FRIDGE 냉장고를 털어라!

BLUEBERRY
블루베리

BLUEBERRY AID
블루베리 에이드

몇 해 전만 해도 블루베리는 수입 과실로 부담스러운 가격이였지만 지금은 국내에서도 재배되어 가격이 많이 내려갔다. 블루베리를 이용하여 시원한 청량감까지 함께하는 건강음료를 만들어 보자.

INGREDIENTS

- 블루베리 15알
- 설탕 2스푼
- 탄산수

HOW TO

흐르는 물에 씻은 블루베리와 설탕을 믹서기에 함께 넣고 갈아낸다.

투명한 잔에 넣고 얼음을 가득 채운 다음 탄산수를 끝까지 붓는다.

잘 저어준 다음 블루베리 몇 알을 띄우면 예술 같은 색과 함께 맛과 영양이 가득한 건강음료가 탄생할 것이다.

Tip 각 얼음을 넣는 것보다 조각 얼음을 사용하면 더욱 청량감이 돋보이고, 탄산이 빨리 날아가는 것을 방지해 준다.

MY FRIDGE 냉장고를 털어라!

BLUEBERRY
블루베리

BLUEBERRY SMOOTHIE
블루베리 스무디

부드러운 식감 안에서 풍기는 플루베리의 여운은 한 끼의 아침식사 대용으로 그만이다.
여름철 신선하고 저렴한 블루베리로 아침을 거르지 말자.

INGREDIENTS

블루베리 1컵

설탕 2스푼

우유 1컵

HOW TO

믹서기에 각 재료를 넣고, 얼음 1/2컵과 함께 곱게 갈아준다.
걸쭉한 형태가 되면 잔에 담아 즐긴다.

잔 위에 블루베리 몇 알을 올려주면 카페에서 마시는 스무디가 부럽지 않을 것이다.

Tip 단 맛이 부족하다면 설탕을 더 넣는 것보다 바닐라 아이스크림을 한 스푼 넣어서 함께 갈아내면 더욱 맛있다.

THE HOMEMADE ORGANIC MIX DRINK 080 081

GRAPE
포도

비타민과 유기산이 풍부하여 과일의 여왕이라 불리는 포도는 예로부터 그 해 첫 포도를 따면 사당에 먼저 고한 다음 맏며느리에게 먹였다고 하는데 이는 포도가 다산을 상징하기 때문이라고 한다. 피로하거나 갈증이 날 때 먹으면 좋다. 알이 꽉 차고 껍질에 하얀 성분이 많을수록 당도가 높으며, 미지근한 물에 수십분 담가 두었다가 씻거나 식초를 몇 방울 떨어뜨린 물에 씻으면 껍질에 묻은 농약을 제거해 준다. 실온 또는 냉장 보관하며, 포도 봉지에 쌓인 상태로 보관하거나 신문지에 싸서 보관한다.

8월부터 10월까지 제철이며, 100g당 60kcal의 열량을 함유하고 있다.

NEXT ▶▶▶
청포도 주스
포도 주스

MY FRIDGE 냉장고를 털어라!

GRAPE
포도

GREEN GRAPE JUICE
청포도 주스

향긋한 청포도는 이국적인 풍미를 지니고 있다.
대부분의 청포도는 씨가 없어서 그냥 먹기도 편하고 갈아서
주스로 마시면 심심한 입 안을 즐겁게 해 줄 것이다.

INGREDIENTS

청포도 1/2송이

설탕 1스푼

물 1/2컵

HOW TO

믹서기에 각 재료를 넣고 곱게 갈아서 잔에 담는다.

입안에서 씹히는 향긋한 청포도는 씨가 없어 더욱더 상큼하다.

GRAPE
포도

GRAPE JUICE
포도 주스

포도 껍질에 많은 영양분이 함유되어 있으므로 포도알만 섭취하는 것보다 껍질의 영양분까지 곱게 갈아낸 주스로 먹는 것이 우리 몸에 더욱 유익하다.

INGREDIENTS

포도 1/2송이

설탕 1스푼

물 1/2컵

HOW TO

잘 익은 포도 알을 떼서 씻은 다음 믹서기에 설탕과 물을 넣고 통째로 갈아 낸다.

포도 껍질에 많은 영양분이 함유되어 있으므로 포도를 그냥 먹는 것보다 이렇게 주스로 먹는 것이 더욱 유익하다.

잘 갈린 포도 주스를 거름망에 통과시켜 잔에 담고, 포도 줄기를 예쁘게 다듬어 연출하면 맛과 영양이 가득한 주스가 완성된다.

PEAR
배

3000년 전부터 재배되기 시작한 배는 그리스의 역사가 호머가 '신의 선물'이라고 극찬했다고 한다. 배에 많이 들어있는 펙틴은 혈중 콜레스테롤 수치를 낮춰주고 수분 부족으로 인한 변비의 예방에 좋고, 기관지에 도움을 준다. 또한 배에는 연육 효소가 들어있어 육류를 부드럽게 먹을 수 있도록 해주어 각종 요리에 많이 사용되고 있다. 좋은 배는 껍질이 팽팽하고 묵직하며, 상처가 없는 것이 수분과 당도가 높다. 배는 신문지에 싸서 냉장 보관하면 좋다.

9월 초 에서 10월 까지가 제철이며, 100g당 51kcal 의 열량을 함유하고 있다.

PEAR JUICE
배 주스

배는 식감이 좋고 절제된 당도와 수분함량이 많으며, 기관지나 고혈압에 좋다고 알려졌다.

갈증이나 목이 답답할 때 주스로 갈아 마시면 한결 상쾌한 기분을 제공한다.

INGREDIENTS

배 1/2개

꿀 2스푼

물 1컵

HOW TO

흐르는 물에 배를 씻은 다음 껍질을 얇게 깎아 낸 다음 단단한 심지 부분을 제거하고 믹서기에 넣는다.

꿀과 물, 얼음 3개를 넣고 돌린 다음 잔에 담는다.

배를 얇게 썰어 잔에 꽂아주면 맛있고 시원한 배 주스가 목을 시원하게 해 줄 것이다.

MY FRIDGE 냉장고를 털어라!

ZUCCA
단호박

영양 만점 단호박은 풍부한 비타민과 무기질 성분을 함유하고 있으며, 베타카로틴 성분이 체내에서 비타민 A로 전환되어 눈 건강과 감기 예방에 도움을 준다. 그리고 식이섬유소가 풍부해 다이어트와 변비 예방에 효과적이다. 좋은 단호박은 색깔이 고르게 짙고 단단하며, 크기에 비해 무거운 것을 고르고 깨끗이 씻어 익힌 후 껍질을 제거하면 더욱 편리하다. 쓰고 남은 단호박은 랩에 싸서 냉동실에 보관하여 필요할 때 해동해 사용한다.

일 년 내내 구할 수 있으며, 100g당 29kcal의 착한 열량을 제공한다.

NEXT ▶▶▶
단호박 퓨레
단호박 라떼

MY FRIDGE 냉장고를 털어라!

ZUCCA
단호박

ZUCCA PUREE
단호박 퓨레

달콤하고 향긋한 단호박 음료를 먹어 보면 행복의 맛이 무엇인지 느낄 수 있다.

어린아이부터 어른까지 중독시킬 정도의 맛은 잊지 못할 기억과 영양을 제공할 것이다.
하지만 단호박으로 음료를 만들기 위해 퓨레를 만들어야 한다. 생각보다 아주 쉬우니 눈을 크게 뜨고 살펴보자.

INGREDIENTS

단호박 1개

설탕 1컵

HOW TO

단호박을 랩에 싸서 전자레인지에서 약 15분 정도 익힌 다음, 속을 파낸다.

잘 쪄진 단호박을 거름망에 부어낸 후 설탕과 함께 비벼주고, 거름망을 통과한 단호박은 부드러운 식감과 달콤함이 베인 퓨레로 완성된다.

작은 밀폐 용기에 담은 후 냉장 보관하면 언제든 맛있는 단호박 음료를 만들 수 있다.

THE HOMEMADE ORGANIC MIX DRINK 090 091

MY FRIDGE 냉장고를 털어라!

ZUCCA
단호박

ZUCCA LATTE
단호박 라떼

커피의 특별함이 없어진 요즘, 사람들의 취향은 유기농과 건강에 초점이 맞춰지고 있다.

나 자신뿐만 아니라 아이들의 건강을 생각한 홈메이드 음료이다.
겨울철에는 따뜻하게 여름철에는 차갑게 즐길 수 있는 것 또한 매력이다.

INGREDIENTS

단호박 퓨레 3스푼

우유 1컵

HOW TO

믹스통에 각 재료를 넣고, 얼음과 함께 흔들어 준다. 잔에 담아 내면 달콤하고 향긋한 식사 대용의 단호박 라떼가 완성된다.

Tip 고구마도 같은 방법으로 만들면 맛있는 고구마 라떼를 만들 수 있다.

MY FRIDGE 냉장고를 털어라!

YUZA
유자

겨울을 알리는 상큼한 유자는 향이 진하고 레몬보다 비타민 C가 3배 이상 풍부하여 감기와 피부미용에 좋고, 유기산이 함유되어 있어 피로회복에도 좋다. 또한 동물성 단백질이 풍부한 쇠고기와 함께 궁합이 잘 맞는다.
신선한 유자는 껍질이 단단하고 울퉁불퉁하며, 상처가 없는 것이 좋으며, 향과 색이 짙은 것이 좋다.

11월에서 12월 말까지 제철이며, 100g당 48kcal의 열량을 함유하고 있다.

NEXT ▶▶▶
유자청 만들기
유자 에이드

THE HOMEMADE ORGANIC MIX DRINK 094 095

MY FRIDGE 냉장고를 털어라!

YUZA
유자

YUZA JAM
홈메이드 유자청

집에 귀한 손님이 찾아오면 어떤 음료를 꺼낼지 망설여진다. 믹스커피, 녹차 등은 일상에서 너무나 흔한 음료라 대접하는 마음에 썩 내키지가 않는다면 잘 만들어 둔 정성이 담긴 유자청을 꺼내 보자.

이것만으로도 이야기보따리가 한가득 펼쳐질 것이다. 마트에서 구입한 완제품 유자청은 방부제와 첨가물이 들어있고, 유자의 과육이 풍부하지 않아 가격에 만족할 뿐이니 정성스럽게 준비한 홈메이드 유자청으로 귀한 손님에게 감동을 선사하자.

INGREDIENTS

유자 10개

백설탕 1kg 한 봉지

꿀 1컵
더 많은 양이 필요하다면 위와 같은 비율로 알맞게 준비한다.

HOW TO

잘 고른 유자를 깨끗이 씻어야 하는데, 찬물에 유자와 소금을 넣고 칫솔로 구석구석 씻어낸다. 다시 흐르는 물에 헹궈 내서 물기를 제거한 다음 꼭지 부분과 안쪽 줄기를 제거한다.

유자를 약 0.5cm 간격으로 얇게 자른 다음 씨를 골라낸다.

밀폐 가능한 유리 또는 도자기 용기를 준비해 뜨거운 물 또는 전자레인지 안에서 1분 정도 소독을 마친 다음 물기를 제거하고, 유자와 백설탕이 골고루 섞이도록 담는다.

용기의 윗부분에 설탕을 두껍게 덮어 주고, 꿀을 부어 준다. 랩을 싸서 용기를 밀폐하고, 상온에서 하루에서 이틀, 냉장고에서 2주 정도면 유자의 수분이 설탕과 결합하여 영양 가득한 유자청이 완성된다.

중간 기간에 설탕이 골고루 녹도록 용기를 뒤집어서 보관한다.

THE HOMEMADE ORGANIC MIX DRINK 096 097

MY FRIDGE 냉장고를 털어라!

YUZA
유자

YUZA ADE
유자 에이드

입이 텁텁할 때 유자 에이드 한 잔을 들이키면 개운한 느낌과 입 냄새를 없애주는 효과도 있다.

INGREDIENTS

유자청 3스푼

탄산수 100mL

HOW TO

투명한 잔에 유자청을 넣고 소다수를 살짝 넣은 다음 유자청이 완전히 풀리도록 저어준다.

얼음과 소다수를 가득 채우고, 잘 저으면 간편하고 맛있는 유자 에이드가 완성된다.

THE HOMEMADE ORGANIC MIX DRINK 098 099

YAM
마

소화를 돕고, 위를 보호하는 성분을 함유한 채소류 마는 저열량, 저지방 식품으로 다이어트에 효과적이며, 단백질과 비타민 B1이 함유되어 전신의 영양 상태를 개선해 준다. 또한 무와 함께 먹으면 비타민 C의 작용으로 스트레스에 대한 저항력을 길러주고 영양을 보충해 준다.

좋은 마는 굵기가 균일하고 도톰하며, 무거운 것으로 선택하고, 깨끗이 씻어 감자 칼을 이용하면 손질이 쉽다. 랩에 싸서 냉장보관 하면 수분이 날아가는 것을 방지하므로 신선하게 이용할 수 있다.

10월 초부터 11월 말이 제철이며, 100g당 135kcal를 함유하고 있다.

YAM & YUZA SMOOTHIE
마와 유자 스무디

보통 비타민이 풍부한 감귤류 또는 과일은 산이 함께하는데, 이것은 위가 약한 사람에게는 좋지 않을 수도 있다. 하지만 위를 편안하게 보호해 주는 마와 함께한다면 두 마리 토끼를 다 잡을 수 있지 않겠는가.

INGREDIENTS

유자 4스푼

마 3cm

우유 1컵

HOW TO

믹서기에 유자와 잘 손질한 마, 우유, 얼음 5개를 넣고 갈아 낸다.

뻑뻑한 느낌이 없어질 정도로 잘 갈아 예쁜 잔에 담고, 그 위에 아몬드와 같은 견과류를 곁들여 마시면 된다.

담백한 맛과 상큼한 유자의 조화가 어우러져 영양 간식으로 일품이다.

MY FRIDGE 냉장고를 털어라!

SPINACH
시금치

채소 중에서 비타민 A의 함유량이 가장 높은 시금치는 철분, 칼슘, 비타민 C가 풍부한 알칼리성 식품이다. 어린 시절 즐겨보던 만화 주인공 뽀빠이가 즐겨 먹던 완전식품으로 알려져 있으며 성장기 아이들과 엽산이 많아 임산부에게 좋다. 또한 풍부한 섬유소질을 함유하고 있어 변비에 좋고, 빈혈을 예방하는 효과도 있다. 곡류와 궁합이 좋으며, 짙은 초록색과 잎이 탄력이 있는 것이 신선하다. 하지만 높은 온도와 장시간 보관으로 인해 비타민 C가 파괴되므로 되도록 빠른 시간 내에 사용하고, 신문지에 싸서 냉장고 채소실에 보관한다.

7월 초부터 10월 말까지 제철이며, 100g당 30kcal로 다이어트에도 좋다.

SPINACH & YAM LATTE
시금치와 마 라떼

마는 김에 싸서 먹어도 식감이 좋고, 건강해 지는 듯한 느낌이 들지만 실제로 갈아 마실 때 그 영양소가 빛을 낸다.
마 안에 끈적한 성분이 위장을 더욱 넓게 보호해 주기 때문이다.
시금치 역시 나물이나 샐러드로 즐기고 있지만 불을 가해서 섭취하는 것 보다 신선한 그대로 즐기는 것이 좋다.
이 두 가지를 이용하여 최고의 건강음료를 만들어보자.

INGREDIENTS

마 5cm

시금치 작은 한 단
약 6~8잎줄기

꿀 2스푼

우유 1컵

HOW TO

먼저 시금치를 씻은 다음 우유와 함께 믹서기에 돌린 다음 우유가 완전한 연두색으로 변하면 거름망에 걸러 낸다.

다시 믹서기에 잘 손질한 마, 시금치 우유, 꿀, 얼음 3개를 넣고 갈아 내면 완성된다.

이것을 잔에 담으면, 색이 아주 예뻐서 손이 자꾸 가게 된다.

APPLE 사과

껍질 안에 퀄세틴이 풍부해 항상화 작용이 뛰어난 사과는 항바이러스, 항균작용에 좋으며, 식이섬유가 많고 다당류 비율이 높아 다이어트에 도움이 된다. 예로부터 아침에 먹는 과일은 보약과도 같다고 하며, 사과로 유명한 대구에 미인이 많다는 속설도 이에 근거한 이야기다. 돼지고기와 함께 먹으면 염분 배출을 원활하게 해준다. 맛있는 사과는 껍질에 탄력이 있고 꽉 찬 느낌이 드는 것이 좋으며, 맑은소리가 나는 것이 당도가 높다. 깨끗한 물에 씻어 물기를 제거한 다음 봉지에 넣어 따로 냉장보관 한다.
9월부터 10월이 제철이며, 100g당 57kcal를 함유하고 있다.

CARROT 당근

비타민 A와 카로틴 성분이 함유되어 시각기능에 좋은 당근은 식이섬유소가 풍부하다. 하지만 다른 채소에 비해 칼로리가 높아 다이어트에는 효과적이지 못하며, 오이와 함께 섭취하면 아스코르비나아제 성분으로 인해 오이의 비타민 C를 파괴한다. 좋은 당근은 색이 일정하고 진한 광택을 띠며, 표면이 매끄럽고 형태가 바른 것과 단단하고 뿌리 끝이 가늘수록 좋다. 잔뿌리를 잘라내고 흐르는 물에 깨끗이 씻어 흙을 제거하여 사용하고, 보관은 흙이 묻은 채로 신문지에 싸서 냉장 보관한다. 연중 구하기 쉽고 가을 당근은 10월부터 11월이 제철이며, 100g당 34kcal를 함유하고 있다.

APPLE & CARROT JUICE
사과와 당근 주스

당근의 아름다운 색과 맛있는 사과가 만나 맛과 영양의 하모니를 연출하는 음료를 만들어보자.

INGREDIENTS

사과 2개

당근 작은 크기 1개

HOW TO

사과와 당근을 잘 씻어서 잘게 자른 다음 녹즙기에서 충분한 즙을 얻어 낸다.

예쁜 잔에 얼음을 가득 채우고, 즙을 잘 섞어 넣으면 맛있는 사과 당근 주스가 완성된다.

MY FRIDGE 냉장고를 털어라!

MANGO
망고

'열대과일의 여왕'이라 불리는 망고는 운송 수단의 발달로 어디서나 쉽게 만나볼 수 있게 되었다.
달콤하고 식감이 좋아 남녀노소 불문하고 인기가 많은 과일로 고급 과일로 인식되어 있다. 하지만 여름철 제주 망고는 다른 과일에 비해 오히려 저렴하고, 맛과 영양이 가득하다. 좋은 망고는 진한 황색에 달콤한 향이 많이 풍기는 것으로 선택하고, 깨끗이 씻어서 실온에서 보관하는 것이 좋으며, 보관기간은 일주일 이내가 적당하다. 우유와 궁합이 좋아 각종 망고 음료에 우유가 사용된다. 고당도의 과일로 분류되어 다이어트 식품으로는 적합하지 않다.

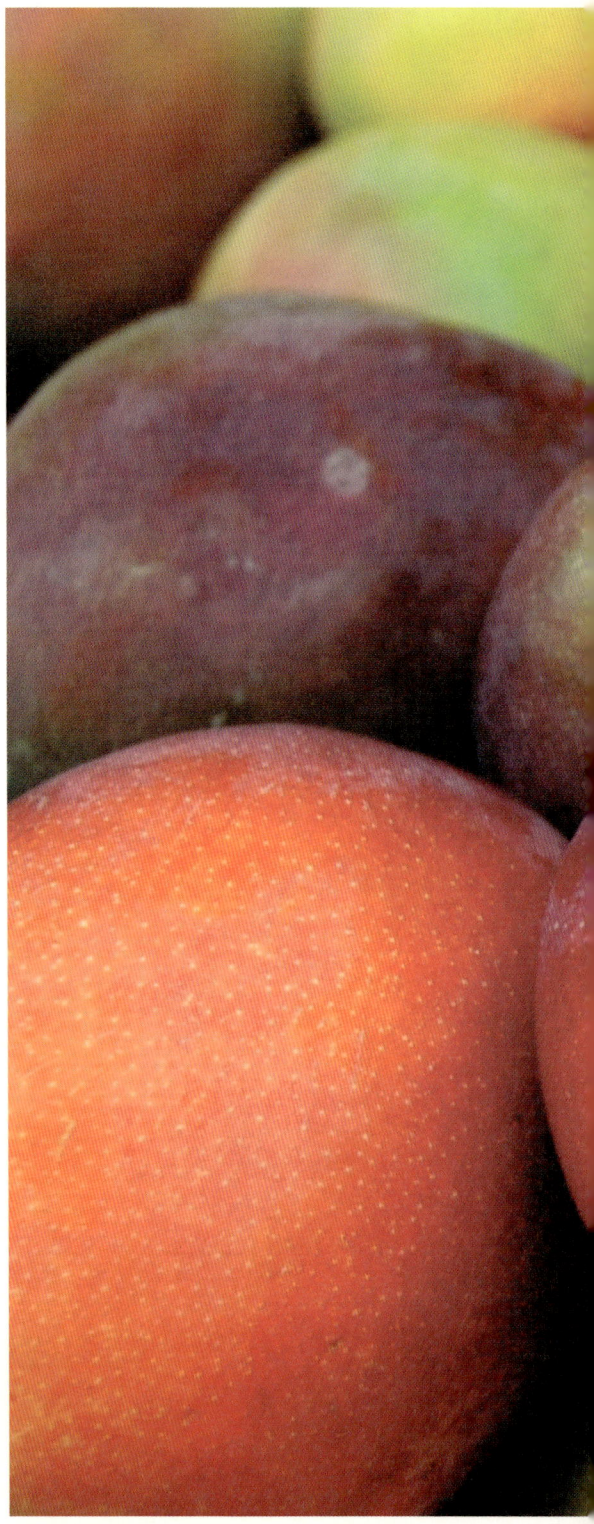

NEXT ▶▶▶
망고 손질법
망고 스무디
망고 주스

MY FRIDGE 냉장고를 털어라!

MANGO
상큼하고 달콤한 망고 집에서 쉽게 손질하기

지난 방콕 출장 마지막 날, 내 팔뚝만 한 망고를 무심코 지나쳐 버린 것이 내내 마음에 걸렸다.

돌아오는 비행기 시간은 다가오고, 다음을 기약하며 마음을 위로하고 돌아온 기억이 난다.
그런데 얼마 전 제주도에서 구입한 망고는 생각보다 합리적인 가격에 뛰어난 맛을 제공하는 것이 아닌가,
하지만 우리 엄마는 망고 손질하기가 어렵다고 투덜댄다. 그 기억으로 망고를 손쉽게 손질하는 방법을 설명한다.

먼저 신선한 망고를 고르는 방법은 진한 노란색에 검은 반점이 없는 것으로 선택하는 것이 좋다.
우선 애플 망고를 찬물에 가볍게 씻는다. 망고를 눕혀서 약간 넓은 면적 방향으로 큰 씨가 줄기처럼 들어있으니
사진과 같은 방향으로 조심스럽게 잘라낸다. 여기서 주의할 점은 망고를 눕혀서 정확히 반이 아닌
약 1/3 정도[중간 씨앗을 피하는 자리- 씨 주변의 강한 섬유질로 식감이 좋지 않음] 위치를 잘라낸다.

세워진 망고 중간 부분에 섬유질 형태의 과육이 보이는데 이곳의 식감은 그리 좋지 않으며 손질하다가
다칠 우려가 있으므로 과감하게 1/3을 잘라낸다.

신선한 망고를 반대로 돌려서 같은 방법으로 잘라낸다.

자, 여기서 보통 망고를 사과를 손질하듯 껍질을 깎아내는데 망고의 과육은 질긴 껍질과는 달리
아주 부드러우므로 물러질 수 있고 미끄러워 손을 다칠 수 있으니 이제부터가 망고 손질의 포인트다.
잘 지켜보시길!

망고 반쪽을 왼쪽 손에 가볍게 올리고, 아래와 같이 유리컵을 이용하여 가장자리를 밀어준다.

망고의 과육은 연성이므로 큰 힘을 가하지 않아도 되며, 껍질 부분에 유리컵이 느껴지도록 천천히 밀어준다.

유리컵을 끝까지 밀면 신선하고 달콤한 망고가 통째로 유리컵에 들어가는데 이것을 다시 도마 위에 올려놓고 껍질은 잠깐 홀딩!

내 경험에 의하면 손이 미끄러울 것이다. 손을 가볍게 씻고 유명 쉐프를 따라 해보자.

손질하고 남은 망고의 껍질은 뒤집어 접시 위에 올려 두고.

망고의 속은 한입에 쏙 들어갈 수 있게 깍둑썰기한다.

망고를 입안에 넣으면 잠시 혼란스러워진다. 아이스크림도 아닌 것이 입안에서 녹아버리니 우리 집 냉장고 안에 든 나머지 망고 두 개를 먹어야 할지 아껴두어야 할지 고민하게 만드는 '신의 선물' 망고 이제 더 이상 망고 손질에 대한 고민은 날려버리자.

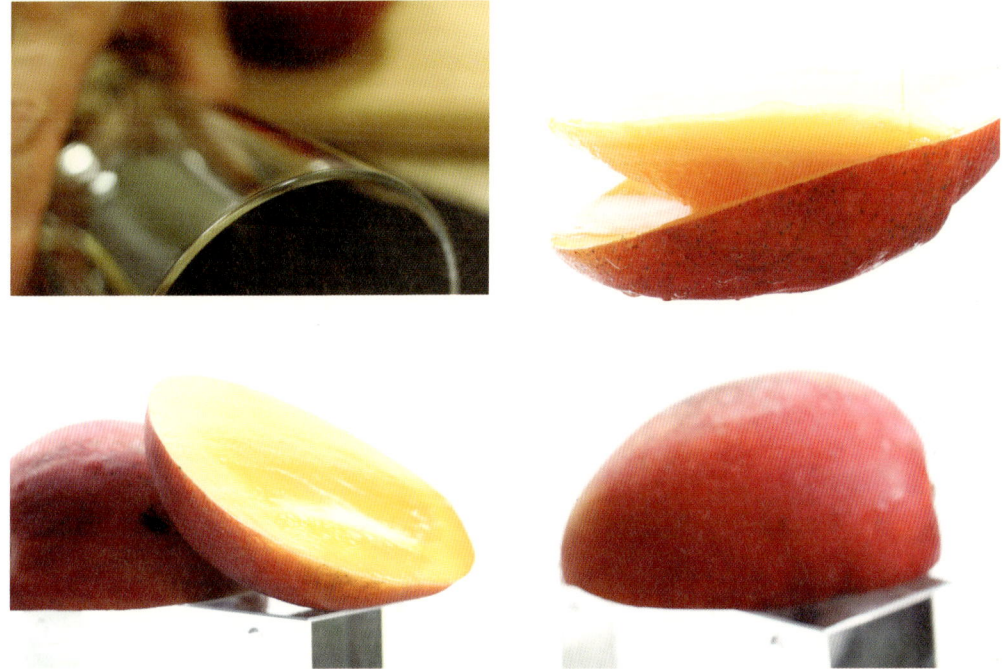

MY FRIDGE 냉장고를 털어라!

MANGO SMOOTHIE
망고 스무디

달콤하고 시원한 망고 스무디는 여름을 연상시키는 가장 행복한 한 잔의 피서 음료이다.
무더운 여름날 선풍기 앞에서 망고 스무디를 들이키면 보라카이로 휴가를 떠난 친구도 부럽지 않을 것이다.

INGREDIENTS

망고 1개
꿀 1스푼
우유 1컵

HOW TO

망고를 손질 후 믹서기에 넣고 우유, 얼음과 함께 간다.

달콤한 맛을 원한다면 꿀을 첨가하고, 투명한 잔에 담아낸다.

망고의 껍질이나 과육을 이용하여 연출한다.

MANGO JUICE
망고 주스

깔끔하고 향긋한 망고 주스는 그동안 망고 넥타에서 맛보던 그 맛과는 비교가 되지 않는다.
그동안 비싸서 먹기 힘들었던 망고가 이제는 손쉽게 구할 수 있는 행복한 재료로 우리 곁에 다가 왔다.

INGREDIENTS

망고 1개
물 1컵

HOW TO

손질 된 망고와 물, 얼음 반 컵을 믹서기에 넣고 잘 갈아 낸다.

잔에 담아 망고를 올리면 완성된다.

THE HOMEMADE ORGANIC MIX DRINK

HOW TO MAKE

집에서 내가 직접 음료를 만들 수 있을까?

주부들은 과일을 전문 믹솔로지스트 못지않게 잘 다루고 가격에서 맛의 특징까지 더 잘 알고 있다. 이제 글라스에 어떻게 예쁘게 담아 장식할지에 대한 노하우를 이 책을 통해 알아보자.

보기 좋은 떡이 맛도 좋지 않은가.

HOW TO MAKE 집에서 내가 직접 음료를 만들 수 있을까?

MRS. GO
고 여사

고 여사는 20년째 홀로 새벽같이 일어나 믹서기에 신선한 재료를 갈아낸다. 아침을 거르는 말썽쟁이 아들을 위해 영양 발란스를 고려하지 않은 그저 맛있는 주스를 손에 쥐여 준다. 배를 채우는 것 외에는 별다른 효과가 없는 당근과 오이 주스를 내어 놓기도 한다. 하지만 이 책의 내용을 한번만 읽고 따라 한다면 더욱 쉽고, 만들기 편한 건강 주스를 만들 수 있을 것이다. 사랑과 정성은 이미 가득 담고 있었으니까 말이다.

NEXT ▶▶▶
복숭아 홍시 스무디
맛 없는 복숭아로 백도 만들기

PEACH
복숭아

PEACH & SOFT PERSIMMON
복숭아 홍시 스무디

외국에서 들어온 음료 메뉴와 기술에 한국적인 재료를 가미하는 것이 요즘 트랜드이다.

복숭아의 향긋함과 홍시의 달콤함이 만나 부드러운 조화를 이루는 이 음료는 지난가을 수확한 홍시를 냉동고에 보관하여 여름철 맛 좋은 복숭아와 함께 갈아낸 계절의 만남이다.

INGREDIENTS

복숭아 1개

홍시 1개

얼음

우유 1/2컵

HOW TO

믹서기에 손질한 복숭아와 홍시를 넣고, 우유, 얼음 다섯 개와 갈아 낸다.

잔에 담아서 감잎 또는 해당하는 재료로 연출하면 카페에서 비싸게 판매하는 복숭아 홍시 스무디보다 더욱 맛있는 홈메이드 음료가 탄생한다.

HOW TO MAKE 집에서 내가 직접 음료를 만들 수 있을까?

PEACH
복숭아

SWEET PEACH
맛없는 복숭아로 백도 만들기

INGREDIENTS

당도가 부족하여
맛이 없는 복숭아 3개

설탕 1컵

물 3컵

HOW TO

냄비에 물 세 컵을 끓인 다음, 씨를 발라낸 맛없는 복숭아를 넣는다.

이때 뜨거운 물이 손에 닿지 않도록 조심한다. 설탕을 넣고, 살짝 젖고 냄비의 불을 끈다.

집게를 이용하여 뜨거워진 복숭아의 껍질을 쉽게 분리하고, 밀폐 용기에 담은 후 냉장 보관한다.

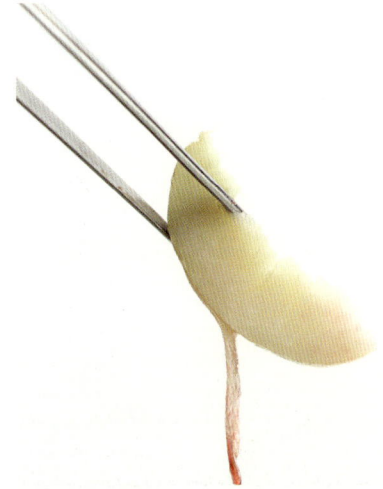

THE HOMEMADE ORGANIC MIX DRINK 116 117

THE HOMEMADE ORGANIC MIX DRINK

EASY TECHNIQUE

전문적인 기법·용어 무시하기

신선한 재료를 어디서 구하는지 어떻게 보관하는지에 대한 지식이 있다. 하지만 어떤 도구를 어떻게 사용할지 모른다. 또한 전문가가 사용하는 기법과 전문도구들을 대체할 수 있는 방법을 찾고 싶다면 여기를 눈여겨보자. 기법과 용어가 정확하지 않아도 음료를 재미있게 만들 수 있는 자신감이 생길 것이다.

EASY TECHNIQUE 전문적인 기법·용어 무시하기

SHAKER
쉐이커=믹스통

손쉽게 얼음과 함께 내용물을 흔들면 냉장고에 보관해 둔 음료보다
더욱 시원하게 해 주는 유용한 도구이다.
쉐이킹[Shaking]이라는 기법은 '흔든다'라고 이해하자.
한 손으로 믹스통의 뚜껑이 열리지 않게 잡고 상하로 강하게
흔들어 주면 통 안에 든 재료가 잘 혼합된다.

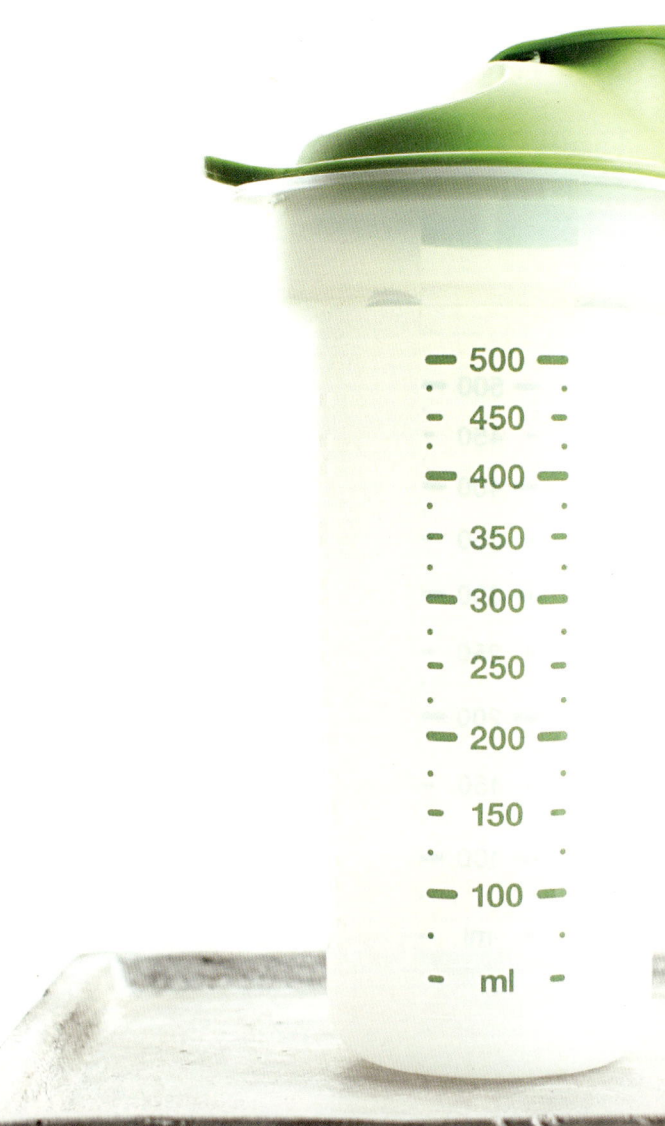

APPLE YOGURT
사과 요거트 음료

어른들은 물론이고 특히 아이들은 요거트 음료를 좋아한다. 요거트 맛을 내는 신선한 음료를 만들어 보자.
원리는 우유와 레몬이 만나면 겔화 현상이 일어나 순간 요거트 효과를 가져오는 것을 응용한다.
여기에 좋아하는 과일로 맛을 연출하면 모두가 맛있게 즐길 수 있는 음료가 탄생한다.

INGREDIENTS

사과 1/4개

사과잼 2스푼

레몬 1/2개

우유 100mL

HOW TO

믹스통에 사과잼을 넣고 사과를 잘게 썰어 넣는다.

레몬 반 개의 즙을 짜서 넣고, 얼음과 함께 우유를 넣은 다음 강하게 흔든다.
내용물이 충분히 섞이면 예쁜 용기에 담고, 굵은 빨대를 꽂아서 사과 장식을 하면
맛있는 사과 요거트 음료가 완성된다.

EASY TECHNIQUE 전문적인 기법·용어 무시하기

STRAINER
스트레이너 = 거름망

시중에 음료는 인위적인 색과 향을 첨가한 것들이 즐비하다.
하지만 음료에 오가닉과 신선함이 중요시되면서 허브나 생과일 같은 재료가 사용되고 있는데
이것을 그대로 사용할 경우 필요 없는 씨와 찌꺼기가 잔에 들어가 식감을 방해한다.
이것을 방지하기 위해 스트레이너[Strainer]를 사용하는데 쉽게 '거름망'이라 부르도록 하자.

GRAPE JUICE
포도 주스

어떤 과일 좋아하세요? 사람마다 개인적인 취향에 따라 좋아하는 과일이 다르다. 여름에는 수박, 복숭아, 자두, 포도 등 많은 과일이 있지만 그중에서 나는 수박과 포도를 좋아한다.

하지만 주스로 갈아 마실 때 난감할 때가 있다. 바로 과육과 함께인 씨 때문이다. 이때 거름망을 사용하면 깔끔하게 마실 수 있고 더욱 신선한 맛을 즐길 수 있다.

INGREDIENTS

포도 1/2송이

물 100mL

HOW TO

믹서기에 깨끗이 씻은 포도 반 송이의 알과 물을 넣고 함께 갈아 낸다.

포도가 시원하지 않으면 얼음 3~4개를 넣고 갈면 시원하게 마실 수 있다.

이때 거름망을 통해 잔에 담으면 깔끔한 주스 형태로 맛있는 포도 주스를 만날 수 있다.

포도를 떼어낸 줄기로 연출하면 눈과 입이 즐거운 주스가 될 것이다.

EASY TECHNIQUE 전문적인 기법·용어 무시하기

MUDDLER
머들러 = 마늘 방망이

오래전 우리 할머니가 마늘을 믹서기에 갈지 않고 절구에 찧을 때 사용하던 이 방망이는 입안에서 과육이 씹히는 식감과 딸기, 키위의 씨를 입안에서 그대로 느끼게 해 준다.
또한 오렌지와 레몬, 허브의 향을 충분히 얻어내기 위해 갈지 않고 으깨는 데 사용한다. 이 방법을 머들링[Muddling]이라고 하지만 우리는 편하게 '으깬다'라고 하자.

GRAPE JUICE
로즈마리 유자 에이드

감귤류의 종류는 다양하지만 특히 유자만의 독특한 향과 맛이 이색적이다. 여기에 로즈마리 맛을 살짝 입히면 하루의 스트레스를 날려버릴 수 있는 매력적인 음료가 완성될 것이다.

INGREDIENTS

유자청 2스푼

로즈마리 잎 2줄기

소다수 100mL

HOW TO

투명한 잔에 로즈마리 잎 한 줄기를 넣고,
잎이 부셔지지 않게 방망이로 톡톡 두들겨 준다.

로즈마리 향이 잔 안에서 풍부하게 느껴지면
유자청을 넣고, 얼음을 가득 채운다.

여기에 소다수를 넣고, 잘 저어준 후
로즈마리 잎을 꽂아주면 완성된다.

EASY TECHNIQUE 전문적인 기법·용어 무시하기

BLENDER
블랜더=믹서기

신선한 과일 또는 부재료를 주스 형태로 갈아내거나 스무디, 슬러시 형태로 만들 때 사용된다.
조각얼음과 함께 재료를 갈아주면 슬러시 형태의 신원한 음료가 탄생하고,
유분과 탄수화물이 포함된 부재료를 함께 갈면 스무디 형태의 음료가 된다.
우리는 일반적인 가정용 믹서기를 사용하자.

SLUSH
당근 슬러시

무더운 날에는 얼음이 가득한 시원한 음료 한잔을 마시고 싶다.
더군다나 아이들은 채소 주스를 무슨 약이라도 되는 줄 알고 잔뜩 인상을 쓰며 한 입도 마시지를 않는다.

여기 특별한 재료를 준비하지 않아도 만들 수 있는 채소 슬러시를 소개한다.

INGREDIENTS

꿀 30mL

당근 1/2개

각 얼음 6개

HOW TO

믹서기에 당근을 대충 잘라 넣고, 꿀과 얼음을 넣는다.

당근과 꿀이 섞여 점성을 이루면서 곱게 갈리면 달콤하고 시원한 당근 슬러시가 완성된다.

좋아하는 채소 또는 과일이 있으면 같은 방법으로 응용하면 된다.

THE HOMEMADE ORGANIC MIX DRINK

HOME MADE

오가닉 시럽 만들기

마트에서 판매하는 모든 음료에는 구연산과 방부제 역할을 하는

화학적 첨가제들이 들어있다.

이것을 사랑스러운 내 아이들에게 아무 거리낌 없이 권할 자신이 있는가?

엄마의 손길로 집에서 몸에 좋은 시럽을 하나하나 만들어 보자.

HOME MADE 오가닉 시럽 만들기

MAKING SYRUP
시럽 만들기

INGREDIENTS

건 재료 1컵
계피, 오미자, 녹차, 레몬, 좋아하는 티 등

물 3컵

설탕 2컵

HOW TO

냄비에 물과 재료, 설탕을 넣고 물이 끓기 시작하면 불을 끈다.

상온에서 재료를 식힌 후 거름망을 통해 재료를 걸러 주면서 병에 담으면 완성된다.

이 때 날짜와 시럽의 종류를 표기해두면 좋다.

HOME MADE 오가닉 시럽 만들기

CINNAMON
계피 시럽

계피는 후추, 팔각과 함께 세계 3대 향신료로 꼽힌다. 맛과 향이 맵고 시원해서 국내에서는 수정과 같은 음료에 사용되며 한방에서도 사용되는 재료다. 인과 무기질, 철, 비타민 B가 함유되어 소화기와 여성의 자궁을 따뜻하게 하여, 생리통이나 소화가 안 될 때 좋다. 열량이 낮아 다이어트에 효과적이며, 중국산은 보관이나 유통과정이 투명하지 않아 피하는 것이 좋다. 형태가 크고 두꺼운 것이 좋으며 향이 짙은 것을 선택한다. 습기가 없는 건조한 곳에 보관하여 곰팡이가 피지 않게 하고, 사용할 때는 찬물에서 칫솔로 깨끗이 씻어 사용한다.

CINNAMON APPLE JUICE
시나몬 애플 주스

길을 걷다 제과점에서 풍기는 고소한 빵 굽는 냄새에 발길이 자연스레 그리 향한다.

유난히 눈에 띄는 시나몬 애플파이가 왜 이리 맛있어 보이는 걸까? 계피와 사과는 맛과 영양이 잘 어우러져 선남선녀의 만남과 같다.

INGREDIENTS

계피시럽 30mL

사과 1개

물 1/2컵

HOW TO

믹서기에 물 반 컵과 계피 시럽을 넣은 다음 사과 씨를 제거하고 굵직하게 썰어서 넣는다.

약간의 얼음과 함께 곱게 갈아 낸 다음 예쁜 잔에 담고 시럽을 만들고 난 계피와 사과를 이용하여 연출한다.

OMIJA SYRUP
오미자 시럽

누구의 이름 같은 오미자는 바로 몸의 컨디션에 따라 단맛, 신맛, 쓴맛, 짠맛, 매운맛의 5가지 맛을 느낄 수 있어 오미자[五味子]라 붙여진 이름이다. 그중에서 신맛이 강하게 느껴지며, 시잔드린, 고미신, 시트럴, 사과산, 시트르산 등의 성분이 들어 있어 심장을 강하게 하고 혈압을 내리며, 면역력을 키워주는 효과가 있다. 기침이나 갈증이 날 때도 도움이 된다.

신선한 오미자를 1:1 비율로 설탕에 절이면 더욱 좋겠지만 시기를 맞추기가 힘이 들어 건 오미자로 시럽을 만들기로 한다. 오미자의 향과 색이 충분히 우러나도록 물과 함께 끓여준다. 원하는 만큼의 향과 색이 우러나면 불을 끄고, 거름망에 오미자를 걸러낸다. 오미자를 끓인 물에 설탕을 넣고 천천히 저으면서 식히면 맛있는 오미자시럽이 완성된다. 용기에 시럽을 넣고, 말린 오미자 반 컵을 넣어서 보관하면 더욱 향이 진한 시럽을 만날 수 있다.

OMIJA ADE
오미자 에이드

INGREDIENTS

오미자 시럽 30mL

탄산수 100mL

HOW TO

예쁜 글라스에 오미자 시럽을 넣고, 얼음을 가득 채운 다음 탄산수를 넣는다.
잘 저어준 다음 오미자를 이용하여 연출하면 맛과 건강이 함께하는 시원한 오미자 에이드를 맛볼 수 있다.

HOME MADE 오가닉 시럽 만들기

TEA SYRUP
차 시럽

햇살 가득한 정오에 쏟아지는 졸음을 물리치고 활력을 되찾고 싶다면 향긋한 허브티를 권한다.
마음이 불안하거나 초조할 때는 기분 전환에 도움이 되는 로즈힙, 은은한 향의 라벤더는 시크한 당신과 잘 어울린다. 입안을 개운하게 하고 싶다면 진주 자스민, 허브차 중에서 가장 인기 있는 카밀러는 소화에 도움을 주며, 머리를 맑게 해주는 페퍼민트 티로 내 머릿속 복잡한 상념을 털어버리자. 보잘것없는 말린 식물에 불과한 것처럼 보일 수도 있지만 나른한 정오에 안정을 찾아 줄 좋은 친구다.

MINT & LEMON ADE
민트 & 레모네이드

INGREDIENTS

민트 차 시럽 30mL

레몬 1/2개

탄산수 100mL

HOW TO

투명한 잔에 민트 차 시럽을 넣고 레몬 반 개의 즙을 짜서 넣는다.

여기에 얼음과 소다수를 가득 채우고, 잘 저어 주면 완성된다.

민트와 레몬 껍질을 이용하여 연출하면 우선 눈부터 시원해질 것이다.

HOME MADE 오가닉 시럽 만들기

LEMON SYRUP
레몬 시럽

향긋한 레몬의 향을 기억하는가? 사람들은 레몬의 향을 방향제에서 나오는 향이나 신맛을 떠올린다. 음료와 관련된 클래스에서 나는 항상 레몬 껍질에 베인 오일을 짜서 냄새를 맡도록 한다. 그리고 레몬과 라임을 구분하는 이유가 바로 이 오일에서 풍기는 향 때문이라고 말한다. 어릴 때 귤껍질을 짜며 장난친 것처럼 감귤류는 많은 오일을 포함하고 있어 향긋한 향을 맡을 수 있다. 그럼 레몬의 신맛은 잠깐 잊고 향긋한 레몬 향을 이용하여 시럽을 만들어 보자. 천연 레몬 티처럼 말이다.

MINT & LEMON ADE
시큼하지 않은 레몬 음료

INGREDIENTS

레몬 시럽 30mL

탄산수 100mL

HOW TO

투명한 잔에 레몬 시럽을 넣고 얼음과 소다수를 가득 채운 다음 잘 저어 주면 완성된다.

레몬 껍질을 이용하여 연출하면 상큼한 비주얼과 달콤함이 함께할 것이다.

SUGAR
설탕 이야기

인류 최초의 감미료는 꿀이었다. 기원전 4세기에 이미 인도에서는 사탕수수로부터 설탕을 제조하고 있었다. 인도를 침략했던 알렉산더 대왕의 군대에 있던 한 장교가 인더스강 가를 따라 내려가다가 벌의 도움 없이 꿀을 만들어내는 풀을 보고 놀랐다. 스페인을 정복했던 아랍인들에 의해 유럽에 전해진 설탕은 유럽과 지중해 지역의 상권을 장악하고 있던 베네치아 상인들의 막대한 부의 원천이 되어 르네상스의 발판이 되었다. 이후 콜럼버스에 의해 사탕수수가 아메리카 대륙으로 전파될 당시 설탕은 약재로만 사용되었으나 점차 일부 상류층에서 사치성 기호품으로 이용되었다.

설탕은 단맛뿐만 아니라 여러 가지 기능을 가지고 있어 제빵, 요리, 음료, 제과 등에 중요한 역할을 한다. 설탕은 우리 신체의 소화과정에서 슈크라제 효소가 체내에 흡수되어 설탕 1g이 약 4kcal의 에너지를 생산한다. 하지만 현대에 이르러 너무 많은 당분을 꾸준히 섭취하게 되면 건강에 좋지 않은 영향을 미치므로 자제하는 것을 권장한다.

SUGAR PROCESS
작업 공정

사탕수수에서 설탕 결정의 최대 양을 추출하고 순수한 설탕의 결정체를 얻어 낸다.

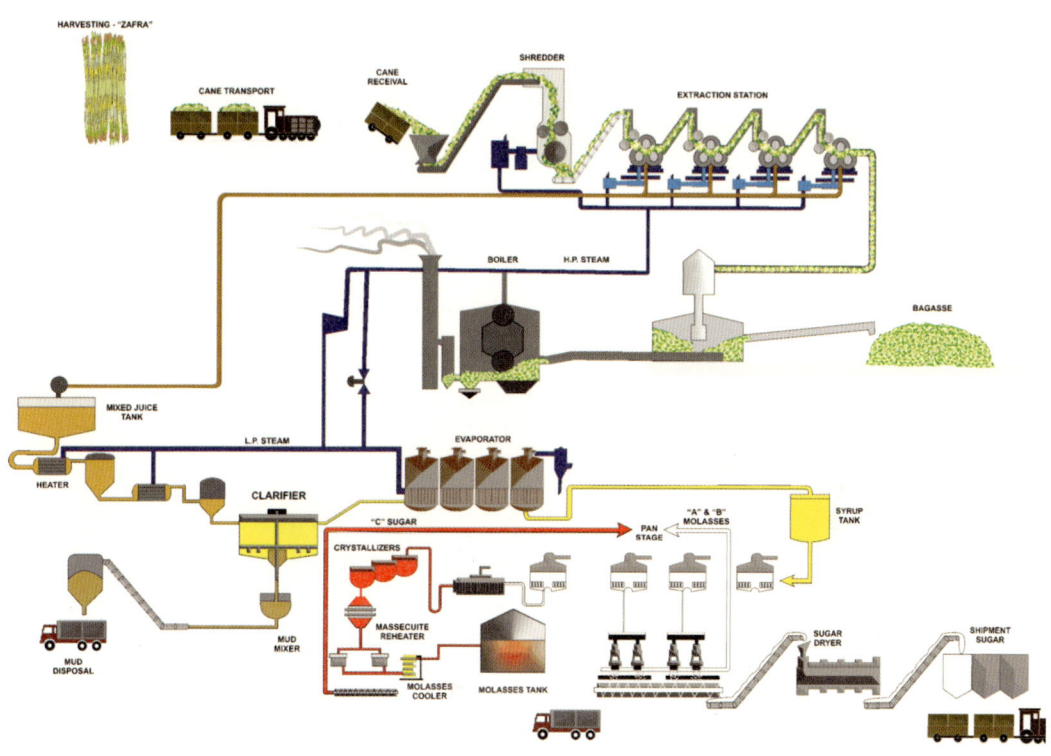

1. 사탕수수는 '사탕수수 주스'[guarapo]의 형태로 가능한 많은 설탕을 추출하기 위해 분쇄된다.
2. 자연에서 얻어 낸 사탕수수에 포함된 진흙과 같은 불순물을 제거하여 깨끗한 주스를 얻는다.
3. 당분이 농축된 시럽이 형성 될 때까지 사탕수수 주스는 수분을 제거하는 과정을 거친다.
4. 수분을 완전히 증발시키기 위해 결정화 및 탈수 과정을 거친다.
5. 결정화 할 수 없는 것은 당밀 같은 과정에서 제거된다.

HOME MADE 오가닉 시럽 만들기

SPECIAL GIFT
정성이 가득한
오가닉 시럽 선물하기

특별한 기념일에 나의 마음이 담긴 선물에 대한 고민은
때로는 스트레스다. 값비싼 명품을 선물한다고 해서
그 마음이 항상 전해지는 것은 아닐 것이다.
좋은 재료로 마음과 정성을 담아 나만의 시럽을 만들어 보자.
집 안에 있는 재료를 활용해
개성 있게 포장하면 금상첨화다.

실 포장지
얼마 전에 선물 받았던 박스 안을 보니 충격 흡수용 실종이가 들어 있었다. 여기에 신발장 한켠에는 빨간 쇼핑백을 활용하니 크리스마스에 딱 어울리는 포장 컨셉이다.

박스 용지
어린 시절 누런 박스 용지와 몽땅 연필을 기억하는가? 요즘은 박스 용지를 보기 힘들지만 그 때의 그 감성으로 연출한 얼반 스타일 포장 컨셉이다.

신문지
신문지는 우리에게 무한한 아이디어를 제공한다. 주의할 점은 신문에 적힌 내용이 우울하거나 심각한 사회 기사일 경우 뒤집어서 사용하자.

허브 줄기
집에서 키우는 허브 분재는 요리, 음료에 사용될 뿐 아니라 이렇게 선물 포장에도 유용하다.

THE HOMEMADE ORGANIC MIX DRINK

FAMILY DRINKS 가족을 위한 건강음료

AM 7:00
건강한 다이어트 식단

요즘 건강한 다이어트에 심취해 있는 나는 한 달 동안의 식사 조절과 꾸준한 운동으로 좋은 효과를 보고 있다. 좋은 몸매를 갖기 위한 무리한 다이어트는 심각한 건강 이상을 초래하기도 한다. 가벼워진 몸과 건강한 신체에서 느껴지는 행복감을 느끼기 위한 건강한 다이어트를 실천에 옮겨보자.

기상 직후

레몬 물[레몬 디톡스] 한 잔, 저지방 우유 한 잔, 바나나 한 개 또는 사과1/2 바나나1/2 꿀1/2 스푼, 딸기와 바나나 또는 사과 요거트 음료 한 잔으로 대체한다.

간식

배가 고플 때마다 인스턴트 음식보다는 바나나 한 개 또는 닭 가슴살 샐러드, 토마토를 포만감이 들도록 먹으면 도움이 된다. 물보다는 레몬 디톡스가 지방 분해에 도움을 줄 것이다.

아침 식사

잡곡밥 2/3공기, 두부 된장국, 브로콜리 반 접시
짜지 않은 음식과 최소한의 탄수화물 섭취가 중요하며, 평소 식사량보다 부족하다고 느껴질 때에는 채소를 포만감이 들 때까지 마음껏 먹자. 샐러드의 드레싱은 레몬 드레싱 또는 오리엔탈 드레싱이 좋다.

점심 식사

점심 식사 조절이 가장 힘이 든다. 직장인과 학생들 대부분이 외식으로 점심 식사를 해결하는데 일반 식당의 음식은 대부분 염분이 많아 다이어트에 적이라고 할 수 있다. 강한 인내심을 발휘해 삶은 고구마 한 개와 바나나 우유, 샐러드로 점심을 해결하자.

저녁 식사

점심 식사와 저녁 식사 사이에 공복감을 느낀다면 견과류 [호두 6알/ 아몬드 10알/ 땅콩 20알]나 저지방 우유 또는 두유, 삶은 계란 등으로 가벼운 간식을 먹는다. 저녁 시간으로 갈수록 대사율이 떨어지기 때문에 지방 전환율이나 지방 흡수율이 높아지는 경향이 있으므로 가급적 저녁 식사는 단백질 위주로 하는 것이 좋다.

이 식단에서도 알 수 있듯 공복 상태로 6~8시간 동안 수면을 취한 후 깨어날 때 몸의 혈당이 떨어진 상태이며, 이를 보충하지 않으면 몸은 당장의 활동에 필요한 에너지를 내기 위해 축적된 지방을 분해한다.

하지만 이때, 몸에 피로가 쌓이게 되는데 지방을 분해한다고 해서 살이 빠지기보다는 점심과 저녁 식사를 통해 더 많은 양의 지방을 축적해 오히려 살이 더 찌는 체질로 변하게 된다.

따라서 아침에는 비타민과 수분으로 가득한 과일이나 채소로 피부와 건강을 함께 가꾸는 효과를 얻자.

FAMILY DRINKS 가족을 위한 건강음료

예뻐지는 주스 3가지

APPLE & CARROT JUICE
사과와 당근 주스

사과와 당근은 활성산소를 억제하고, 면역력을 높여주는 식품으로 사과의 구연산은 피로를, 당근은 식이섬유소가 풍부하여 아침에 먹으면 몸의 독소를 빼 주는 효과가 있다. 이때 사과껍질을 함께 사용하는 것이 좋다.

INGREDIENTS

당근 1/2개

사과 1개

HOW TO

당근과 사과를 깨끗하게 손질 후 길게 썰어서 주서기로 즙을 낸다

차갑게 즐기고 싶다면 얼음과 함께 예쁜 잔에 담아서 즐긴다.

CELERY & ORANGE
셀러리와 오렌지 주스

셀러리의 비타민 A와 E는 체지방을 연소해 다이어트에 효과적인 식품이며, 카로틴 성분이 함유되어 디톡스 효과도 함께 한다. 여기에 오렌지를 더하면 충분한 수분섭취로 신진대사가 활발해 지고, 식욕을 억제할 수 있다. 예쁜 피부와 몸매관리에도 그만이다.

INGREDIENTS

셀러리 1/2줄기

오렌지 1개

HOW TO

주서기로 셀러리의 즙을 낸 다음 오렌지는 스퀴져로 즙을 낸다

두 즙이 잘 섞이도록 잘 저어주거나 믹스통에서 얼음과 함께 흔들어 준 다음 잔에 담는다.

오렌지 껍질과 셀러리를 이용하여 연출하면 기분 좋은 해독 주스가 완성될 것이다.

FAMILY DRINKS 가족을 위한 건강음료

GREEN DETOX
채소, 과일과 레몬 디톡스

우리가 일상생활에 먹는 모든 음식은 체내에 '독'이 쌓이는데 이러한 독소가 쌓이면 각종 부종과 더불어 몸에 지방이 쌓여 비만이 될 우려가 크다. 상큼한 레몬의 비타민 C와 구연산은 피부미용과 피로회복에 도움을 주며 몸의 독소를 빼 준다. 일상의 한 부분이 되어 버린 커피를 하루 세 잔 이상 마셨다면, 여러 가지 과일주스와 함께 만든 레몬 디톡스로 멋진 몸매와 피부미인이 되자.

INGREDIENTS

과일주스 120mL

레몬 1개

HOW TO

좋아하는 과일의 즙을 낸 다음 레몬즙을 짜서 믹스통에 넣고 얼음과 함께 흔들어 준다.

손에서 차가움이 느껴지면, 얼음과 함께 예쁜 잔에 담아 즐긴다.

이때 레몬껍질과 과일을 이용하여 연출한다.

FAMILY DRINKS 가족을 위한 건강음료

JUICE FOR HUSBAND
지친 남편을 위한 음료

하루 종일 고된 업무와 각종 스트레스로 심신이 피로해져 있는 남편을 위해 무엇을 할 수 있을까?
무엇 보다 깊은 이해와 사랑이 우선일 것이다. 그 마음을 예쁜 잔에 가득 채워 보자.

WEARY FREE
피로를 풀어 주는 주스 : 파인애플 마 주스

남편들은 왜 집에만 들어오면 피곤해할까? 편안함이 안겨주는 자연스러운 행동이지만
그리 보기 좋은 모습은 아닐 것이다. 지친 남편을 위해 정성이 가득 담긴 주스 한 잔을 권해 보자.

INGREDIENTS

파인애플 1/8 조각

마 100g[약 반 컵]

우유 120mL

HOW TO

믹서기에 파인애플과 마를 손질해 넣고, 우유와 함께 갈아낸다.

얼음과 함께 예쁜 잔에 담는다. 파인애플 껍질 또는 잎으로 연출하면 멋진 건강 주스 한 잔이 완성될 것이다.

이 외에 시금치, 케일, 피망, 셀러리, 포도, 레몬, 오렌지, 멜론, 사과를 이용하여 비슷한 방법으로 음료를 만들면 매일 마셔도 또 마시고 싶은 사랑이 가득 담긴 홈메이드 주스가 완성 될 것이다.

FAMILY DRINKS 가족을 위한 건강음료

PAPA ENERGY
활력을 돋구는 주스 : 수삼과 허니진져 주스

지난밤 늦게 들어온 남편이 하루종일 과다한 업무와 중요한 접대로 과음까지 했다면,
때로는 얄밉기도 하겠지만 나만의 음료 한 잔을 선보여 보자. 칭찬은 고래도 춤추게 한다지 않던가.

INGREDIENTS

수삼 1개

생강 슬라이스 2개

꿀 2스푼

우유 1컵

HOW TO

손질한 수삼과 생강을 믹서기에 넣고, 우유와 꿀을 넣는다.

얼음 5개와 함께 곱게 갈아 낸 다음 잔에 담으면 완성된다.

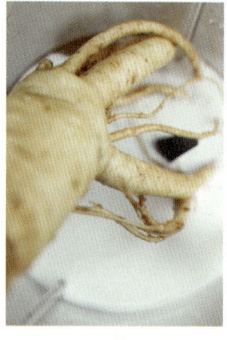 

다양한 응용

무, 칡, 생강, 매실, 멜론, 배, 감, 사과, 오이, 알로에,
토마토, 당근, 미나리 중 선택, 꿀 2스푼.

위에서 과일과 채소를 한가지씩 선택하여
믹서기에 갈아 채에 걸러 내거나 주서기에서
즙을 얻는다. 이때 용량의 비율은 과일 한 컵,
채소 반 컵의 비율로 즙을 내고, 꿀 2스푼을 넣은 다음
저어 주면 완성된다.

FAMILY DRINKS 가족을 위한 건강음료

BIG FAT PAPA
뚱뚱한 남편 이대로 내버려둘 것인가?

비만은 어쩌면 고단한 삶의 친구와 같은 존재이다. 물론 당사자는 인덕이라고 합리화시키려 하지만
해가 지나면서 바지 사이즈가 한 치수씩 커져가고 있다면 좀 난감하지 않은가.
또 각종 성인병을 유발하기도 한다니 관리가 필요하다.

HOUSELEEK
와송

얼마 전, 할머님께서 아프시다는 소식을 듣고, 여기저기 수소문 끝에 김해 대동에 위치한
송화 와송 농장을 찾아 나섰다.

첫인상부터 예사롭지 않은 그곳에는 남다른 이야기가 있었다. 7여 년 전, 송화와송 농장의 사장님의 둘째 아들이 B형 간염으로 고생 중에 대동 선암에 위치한 광명사 스님의 한 마디로 무작정 와송 공부를 시작했다는 사장님의 애정과 열정으로 지금까지 이어오고 있다고 한다. 와송은 바위솔[Orostachys japonicas A.Berger]이라 하며, 일명 암송, 옥송 등으로 불리는 돌나무과의 다년생 초본 식물로 한방에서는 해열, 소종, 지혈 등에 사용되며, 민간요법으로 암 치료에도 많이 이용되고 있다.

HOUSELEEK YOGURT
와송 요거트

흐르는 물에 와송을 뿌리째 씻어 흙을 제거하고 부드러운 부분을 갈아서 주스나 생으로 섭취하며,
단단한 뿌리는 말린 다음 끓여서 차로 즐기면 좋다.

마치 풋사과의 풍미와 부드러운 식감은 맛있는 과일과 흡사하다.
하지만 부드러운 식감을 보존하며 더욱 맛있게 즐기는 방법을 소개한다.

INGREDIENTS

와송 1컵

우유 1컵

레몬 1/2개

꿀 2스푼

HOW TO

믹서기에 각 재료를 넣고,
얼음 5개와 함께 곱게 갈아 낸
다음 잔에 담아 와송 한 조각을
올려주면 완성된다.

FAMILY DRINKS 가족을 위한 건강음료

HOUSELEEK BLUEBERRY SMOOTHIE
와송 블루베리 스무디

INGREDIENTS

블루베리 20알

와송 1/2컵

우유 1컵

레몬 1/2개

꿀 2스푼

HOW TO

믹서기에 각 재료를 넣고 얼음 7~8개와 함께 곱게 갈아 낸다.

잔에 담고, 와송 또는 블루베리를 올려주면 완성된다.

ENZYME
효소

우리 몸의 모든 요소가 제 기능을 하도록 돕는 것이 바로 효소이다. 눈에 보이지 않는 감정과도 같은 존재, 지금 이 순간에도 이 미세한 물질이 우리 몸 안에서 엄청난 영향력을 발휘하고 있다.

효소는 단백질의 한 종류로 인체의 생리활성을 돕고 노화를 방지하며, 상처를 치료하는 피부 재생 및 피의 생성을 돕는 역할을 한다.

우리나라의 전통 발효식품인 된장, 고추장, 청국장, 간장, 김치 등에도 효소가 풍부하게 들어 있다. 하지만 효소의 역할은 아직 과학적으로 확실히 증명된 것은 아니다. 하나의 건강 기호식품으로 유자나 매실, 모과청을 담아 즐기듯 가벼운 마음으로 차와 같이 즐겨보자.

CONE ENZYME
솔방울 효소

INGREDIENTS
솔방울 10개

설탕 1컵

HOW TO
솔방울을 찬물에서 솔로 깨끗이 씻은 다음 물기를 제거하고 설탕과 함께 용기에 보관한다.

유자청과 같이 잼의 형태가 되려면 약 3~6개월의 시간이 걸린다.

서늘한 계절에 따뜻한 차로 즐길 생각으로 만들어놓자.

FAMILY DRINKS 가족을 위한 건강음료

JUICE FOR KIDS
편식이 심한 아이를 위한 음료 3가지

캐릭터와 이미지, 스토리를 만들어라.
우리가 새로 나온 멋진 자동차에 시선을 빼앗기듯 아이들은 그들의 눈과 귀를 자극하는 감성 캐릭터에 민감하다. 아이들이 좋아하는 캐릭터를 건강한 음료에 입히는 연습을 해보자.

사람에게는 다섯 가지 감각이 존재한다. 시각, 후각, 촉각, 미각, 청각 그중에서 가장 반응 속도가 빠른 것은 시각이다. 말도 잘하지 못하는 어린아이도 아는, 좋고 싫음 혹은 보기 좋은 것과 그렇지 않은 것 사이에서 가끔 냉정해질 필요가 있다.
아이의 편식이 심하다면 예쁘고 특이한 그릇이나 용기에 담아 건네보자.

강한 호기심과 함께 편식도 멀어질 것이다.

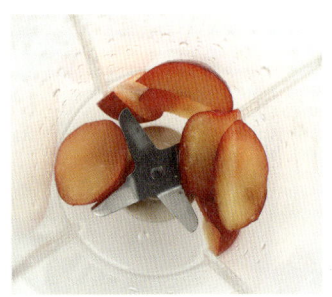  

KIDS JUICE
자두, 복숭아, 파인애플 주스

INGREDIENTS

각 과일 1컵

물 또는 우유 1컵

HOW TO

믹서기에 각 재료를 넣고, 얼음 5개와 함께 갈아 낸 다음 예쁜 용기에 담아 낸다.

FAMILY DRINKS 가족을 위한 건강음료

JUICE FOR WIFE
탄탄한 피부와 기초체력을 위한 음료

'여자는 연약하지만 어머니는 강하다'는 말을 기억하는가?
일생의 반 이상을 가족을 위해 살아가는 그녀들의 피부를 지켜주자.

●

IN THE MORNING
'가벼운 아침을 맞이하고 싶은 욕망' 주스

아침에 상쾌하게 볼일을 보고 화장실을 나온 기억이 아련하다. 식이섬유를 많이 먹고,
물을 많이 마셔 보기도 했지만 몸이 무겁기는 마찬가지라면 매일 아침 직접 만든 신선한 주스를 마셔보자.

●

DIZZY
어지러움을 예방하는 주스

갑자기 앞이 캄캄해지거나 앉았다가 일어설 때 중심을 잡지 못한 적이 있을 때 마시면 좋은 음료를 소개한다.

NEXT ▶▶▶
당근과 양배추 주스
홍초 에이드
사과 백년초 주스

CARROT & CABBAGE JUICE

IN THE MORNING

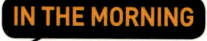

당근과 양배추 주스

INGREDIENTS

당근 1/2개

양배추 1컵

꿀 3스푼

HOW TO

착즙기에서 재료의 즙을 짜낸 다음, 얼음 잔에 담고 꿀과 함께 저어서 즐긴다.

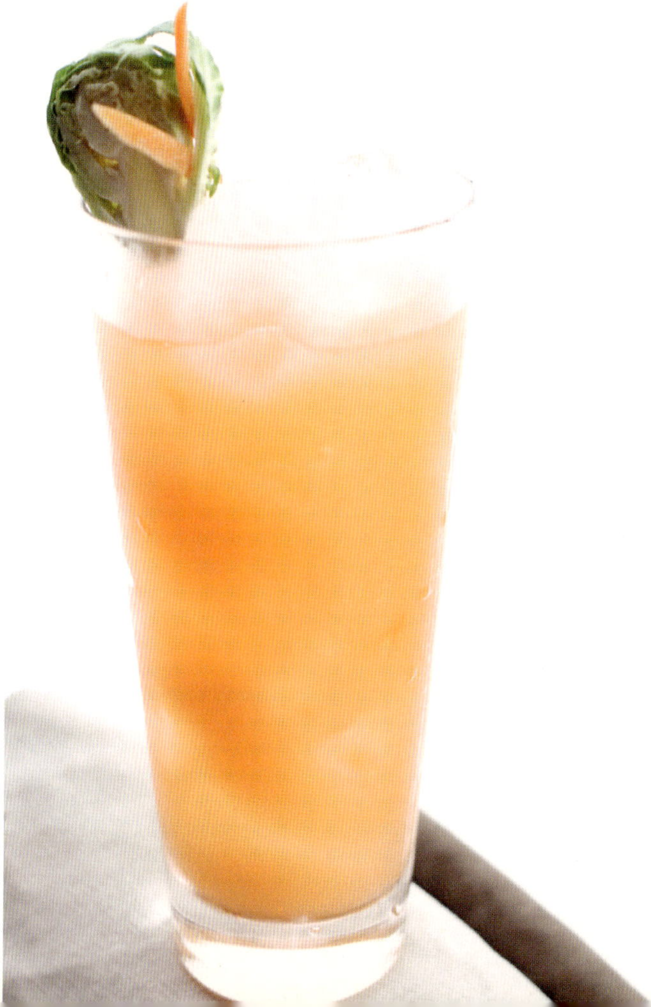

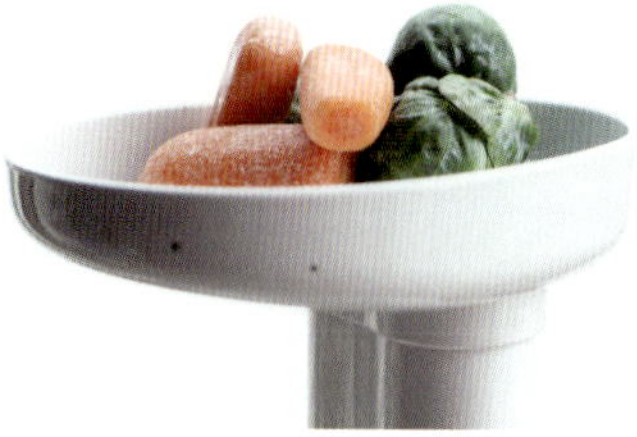

FAMILY DRINKS 가족을 위한 건강음료

HONGCHO ADE
홍초 에이드

INGREDIENTS

홍초 30mL

레몬 1/2개

물 1컵

HOW TO

얼음 잔에 홍초를 넣고, 레몬 즙을 짜서 넣는다.

그 위에 물을 채우고, 잘 저어서 레몬 슬라이스로 연출한다.

APPLE & CACTUS JUICE
사과 백년초 주스

INGREDIENTS

백년초 1/2컵

사과 1개

HOW TO

먼저 고무장갑을 끼고, 백년초의 표면에 있는 작은 실가시를 깨끗이 씻어 낸다.

백년초와 사과를 썰어 착즙기에 넣고, 즙을 얻어 낸 다음 얼음 잔에 담는다.

CACTUS ENZYME
백년초 효소

INGREDIENTS

백년초 20개

설탕 1컵

HOW TO

백년초를 찬물에서 솔로 깨끗이 세척한 다음 물기를 제거하고 설탕과 함께 용기에 보관한다.

약 3개월이 지나면 잼과 같은 형태가 되는데, 이를 하루에 한 스푼씩 먹거나 물에 타서 마신다.

FAMILY DRINKS 가족을 위한 건강음료

JUICE FOR FAMILY
화목을 부르는 가족 주스

GINGER ALE
진저엘

진저엘은 아프리카나 자메이카에서 무더운 날씨를 견뎌내기 위해 마시는 음료로 생강과 산미가 느껴지는 청량음료이다. 국내에서는 카라멜 향과 구연산을 첨가한 탄산수로 유통되어 진저엘 본연의 맛과 기능과는 거리가 멀다. 더운 날씨에 온 가족의 갈증을 해소하고 생강에 함유되어 있는 유익한 성분들도 함께 즐겨보자.

INGREDIENTS

생강 4쪽

꿀 2스푼

레몬 2개

탄산수 500mL

HOW TO

생강을 깨끗이 손질한 다음 레몬즙을 짜서 꿀과 함께 믹서기에 넣는다.

잘 갈아낸 다음 큰 용기에 담고, 얼음과 함께 탄산수를 채운 다음 잘 저어준다.

얼음이 든 작은 용기에 덜어서 마시면 더운 날씨의 갈증과 함께 온 가족의 스트레스도 날려줄 것이다.

  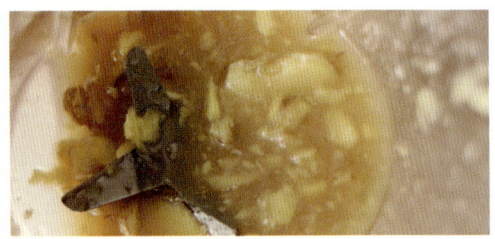

NEXT ▶▶▶
과일초 샹그리아
멜론 볼 펀치

FAMILY DRINKS 가족을 위한 건강음료

FRUIT VINERAR SANGRIA
과일초 샹그리아

예로부터 식초가 몸에 좋다는 정보는 널리 알려져 있다. 하지만 식초는 자극적인 신맛과 식초 특유의 향 때문에 그냥 먹기에는 부담스러울 때가 있다. 요즘 과일을 접목한 과일식초가 시중에 많이 나와 있으므로 과일과 함께 가족의 화목과 건강을 챙겨보자.

먼저 식초에는 지방 화합물의 합성을 방해하는 항비만 효능이 있는 아미노산이 들어있어 혈압을 내리는 효과가 있다. 또한 피로를 부르는 젖산 누적을 방지하는 효과가 있으므로 온 가족의 피로회복제로 안성맞춤이다.

INGREDIENTS

과일 초 60mL

좋아하는 과일

사과 주스 또는 탄산수

HOW TO

투명하고 큰 용기에 과일 식초를 넣고, 좋아하는 과일을 잘게 썰어 넣는다.

아이들의 건강을 위해 여러 가지 과일을 넣으면 더욱 좋고, 여기에 얼음과 함께 사과 주스와 같은 투명한 주스 또는 단맛이 없는 탄산수를 넣어 잘 저어 준다.

작은 잔에 얼음을 채워 온 가족이 함께 즐기면서 행복한 시간과 건강을 지키자.

*샹그리아

에스파냐에서 여름에 마시는 대중적인 음료로 여러 가지 과일을 넣어 차게 해서 먹는 칵테일의 일종이다. 변질된 와인이나 품질이 좋지 않은 와인을 펀치 형태로 변형한 음료로 많은 사람이 파티 음료처럼 나눠 마실 수 있는 음료이다.

FAMILY DRINKS 가족을 위한 건강음료

MELON BALL PUNCH
멜론 볼 펀치

여름철 대표적인 과일 하면 제일 먼저 수박이 떠오를 것이다. 하지만 나는 멜론을 더 좋아한다.

부드러운 식감과 함께 향긋함과 달콤함이 전해지며, 굳이 씨를 뱉어야 하는 불편함 마저 없기 때문이다.
언제인가 일본에 계신 고모님을 뵈러 간 적이 있는데, 식사 후 멜론을 큼지막하게 썰어서 내놓는 것이 아닌가?
멜론을 조각 썰기 해서는 먹어봤지만 그렇게 티스푼으로 멜론을 볼처럼 파서 먹기는 처음이었다.

그때의 기억으로 펀치를 만들어 보았다.

INGREDIENTS

멜론 1/2개

우유 1,000mL

꿀 3스푼

HOW TO

신선한 멜론을 반을 자른 다음 중간에 모여있는 씨를 스푼으로 긁어낸다.

티스푼을 돌려가며 멜론을 둥근 형태의 볼로 오려 낸 다음 꿀을 넣고, 잘 풀어준 다음 얼음과 우유를 넣고 충분히 섞이도록 저어준다.

작은 용기에 덜어서 오늘 하루 있었던 서로의 이야기와 함께 달콤한 시간을 보낼 수 있을 것이다.

THE HOMEMADE ORGANIC MIX DRINK 170 171

THE HOMEMADE ORGANIC MIX DRINK

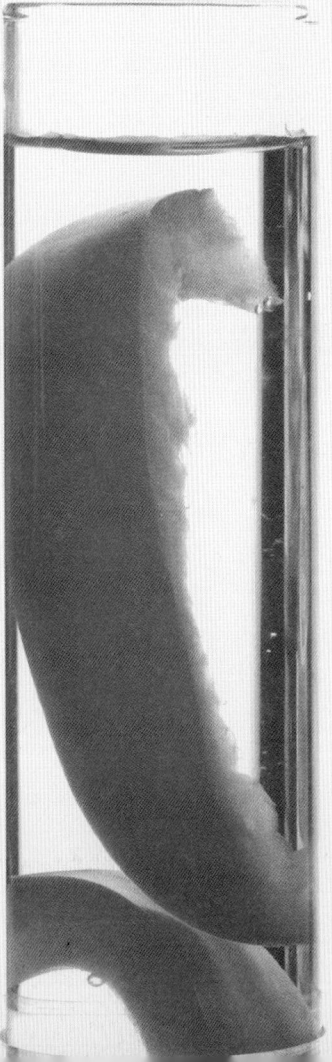

VISUAL DRINKS

'보기 좋은 것이 먹기도 좋다' 완성하기

CUT
과일 자르기

같은 과일을 가로로 자르느냐 세로로 자르느냐에 따라 필요한 재료가 될 수도 있고 불필요한 재료가 될 수도 있다. 정확한 명칭과 방법, 용도를 잘 알아두자. 아무리 좋은 재료라도 칼질 한 번에 쓸모없는 것이 될 수도 있으니 말이다.

찹 Chop
요리에 사용되는 기법으로 양파 또는 감자, 당근 등과 같은 단단한 재료를 조각 썰기 하는 것을 말한다. 사과나 배처럼 아삭거리는 재료를 음료 안에서 씹히게 하려고 사용하는 기법이다.

슬라이스 SLICE
스트로우를 사용하지 않고 직접 마시는 음료에 많이 사용되며, 장식용 또는 은은한 향을 내기 위해 사용한다. 주로 독한 술을 샷으로 마신 뒤 강한 맛을 없애기 위해 과육을 쉽게 먹기 위한 방법으로 많이 이용된다.

트위스트 TWIST
제스터[ZESTER]를 이용하여 자르는 편리한 방법도 있지만 제스터가 준비되지 않았을 경우 휠에서 과육만 제거하여 사용하는 방법도 있다. 이는 주로 음료 윗부분의 장식으로 사용되나 껍질의 향을 충분히 퍼트려 코팅하는 작용도 함께한다.

웨지 WEDGE
손으로 즙을 쉽게 내는 방법으로 음료에 신맛을 첨가할 때 많이 사용한다. 각종 스피릿과 함께 주스나 탄산수를 곁들여 즐길 때 사용하며, 당도 대비 산도를 맞추는 작업에 이용하기도 한다.

휠 WHEEL

자동차 바퀴 휠과 같다고 해서 붙여진 용어로 장식과 더불어 음료 안에서 향을 내는 용도로 사용된다. 또한 설탕과 함께 밀봉하여 청을 담그는데 이 방법을 사용한다.

제스트 ZEST

주로 껍질 오일을 태워 향을 퍼트리는 플래밍을 하기 위해 자르는 용도로, 글라스 주변에 껍질의 오일을 이용하여 풍부한 향을 코팅하는 데 이용된다. 칼을 이용하여 자르는 방법도 있지만 감자 깎는 도구를 이용하면 더욱 안전하고 편리하다.

VISUAL DRINKS 보기 좋은 것이 먹기도 좋다' 완성하기

DRY
과일 말리기

음료의 비주얼에 대한 고민으로 몇 날 며칠을 지새운 적이 있었다. 레몬을 비틀어 보기도 했고 멜론을 찹을 내어 음료 위에 뿌려 보기도 했었다. 사람들은 '더 신기하고 신선한 것'을 원했고 그때 고민을 하던 중 우연히 식품 건조기를 발견한 것이다.

요리사들이 방금 전원을 끈 오븐에 디저트 장식으로 사용하기 위해 오렌지를 올려 두는 것을 봤지만 건조기는 모든 과일류를 자연스럽게 말려 주어 건포도와 같은 당도를 생성하고, 눈에 익숙하지 않은 신비한 모양을 연출해 준다. 또한 모든 과일은 보관기간이 한정되어 기간이 짧거나 쓰지 못하는 경우도 생기지만 건조된 과일은 장기간 보관이 가능하며, 언제 어디서나 사용하기 편리한 이점이 있다.

보통 장식용으로 많이 사용하나 곁들여 내어 놓는 칩으로도 사용되며, 설탕을 첨가하지 않은 자연식품이므로 건강에도 이로운 좋은 홈메이드 아이템이다. 탄산수가 들어가는 시원한 과일음료 위에 올려 주면 신선하고 멋진 비주얼이 될 것이다.

VISUAL DRINKS 보기 좋은 것이 먹기도 좋다' 완성하기

DESIGN GLASS
예쁜 잔에 담기

해외 출장 중에 눈여겨 봐뒀던 잔과 기물이 오랫동안 잊혀지지 않던 차에 국내에서 만나게 되어 너무나 기뻤던 기억이 난다. 투박한 잔에 담아내는 음료는 감성을 자아 내지만 예쁜 잔에 담는 음료는 예의와 감정을 나타낸다.

THE HOMEMADE ORGANIC MIX DRINK   178 179

VISUAL DRINKS 보기 좋은 것이 먹기도 좋다' 완성하기

ICE
얼음 이야기

음료에서 맛을 결정하는 요소는 무엇일까? 시럽의 양, 술의 양, 과일의 익은 정도 등 모든 요소가 중요하겠지만 정작 음료에서 '신선하다'고 느끼는 것은 바로 손으로 잡았을 때의 온도 즉, '아! 시원하다'고 느끼는 촉각이다. 쉐이크는 내용물과 얼음을 흔들어 순간적으로 온도를 떨어뜨리는 기술이지만 얼음의 단단함과 깨끗한 결정이 없으면 그 역시 불가능한 것이 되고 만다.

무더운 여름날 유명 팥빙수 매장에서 빙삭기가 고장 나 각얼음으로 팥빙수를 내놓았던 적이 있었다. 어떻게 받아들여야 할까? 단순히 팥빙수는 항상 쉐이브 아이스에 나와야 한다는 일상의 공식을 모르는 초등학생에게도 이해를 구해야 하는 부분일 것이다.

단단한 얼음은 빠른 시간 안에 음료를 차갑게 만드는 역할을 한다. 얼음에 대한 나의 관심은 항상 얼음을 단단하게 얼리는 제빙기와 그것에 공급되는 수질의 상태, 필터 관리 등이 음료를 만드는 자세의 기본이라고 항상 떠들어 댄다. 몇 해 전에 시작한 아이스 카빙[ICE CARVING]도 여기에서 비롯됐다. 8년 전, 우연히 일본 관광객이 내가 일하는 매장에 들러 '여기 볼 아이스 없어요?'라고 물었다. 나는 그에게 큐브 아이스를 칼로 깎아 만들어주었고, 그는 재밌다며 웃었던 기억이 난다. 그는 나에게 일본 BAR에서 카빙 아이스를 꺼내 놓는 문화를 알려 주었고 카빙 기술은 지금이랑 다를 게 없다고 격려해주었다. 이를 계기로 나는 얼음 공장에 취직한 듯한 열정으로 블록 아이스를 매일 깎기 시작했고 사람들이 물을 때마다 지금 하는 이 행위가 무의미하게 보이지 않도록 설명했다. 최근 카빙 아이스에 대한 관심도 늘고 있는데, 이는 얼음 전체가 구의 형태로 360도가 면으로 되어 있다. 이 얼음은 예민한 반응을 보이는 액체와 만났을 때, 모든 면적이 액체에 닿으면서 음료가 빠르게 시원해진다. 그러면서도 천천히 녹아 음료의 보존 시간을 길게 해주므로 맛이 변할까 봐 걱정하며 허겁지겁 마실 필요가 없는 장점을 가지고 있다.

THE HOMEMADE ORGANIC MIX DRINK

STAR BARISTA

임종명의 홈 카페 메뉴

STAR BARISTA
임종명의 홈 카페 메뉴

AFFOGATO
아포가토

이탈리아어로 '빠뜨리다'라는 뜻으로 아이스크림에 에스프레소를 떨어뜨린 디저트이다. 에스프레소가 있어야 하지만 가정에서 더치 커피나 인스턴트 커피로 대체하여 즐겨보자.

INGREDIENTS

아이스크림 2스푼

인스턴트 커피 1스푼

뜨거운 물 30mL

HOW TO

뜨거운 물에 인스턴트 커피를 넣고, 저어 준다. 용기에 아이스크림을 넣고, 그 위에 커피를 부어서 즐긴다. 기호에 따라 브라우니나 초콜릿과 함께 즐긴다.

STAR BARISTA 임종명의 홈 카페 메뉴

ICE AMERICANO
아이스 아메리카노

INGREDIENTS

인스턴트 커피 1스푼

뜨거운 물 30mL

얼음 1컵

HOW TO

잔에 뜨거운 물과 인스턴트 커피를 넣고 저어 준다. 얼음과 물을 넣고 잘 저으면 카페에서 즐기는 아이스커피 못지않을 것이다.

착한 가격과 집에서 쉽게 만날 수 있으니 말이다.

THE HOMEMADE ORGANIC MIX DRINK

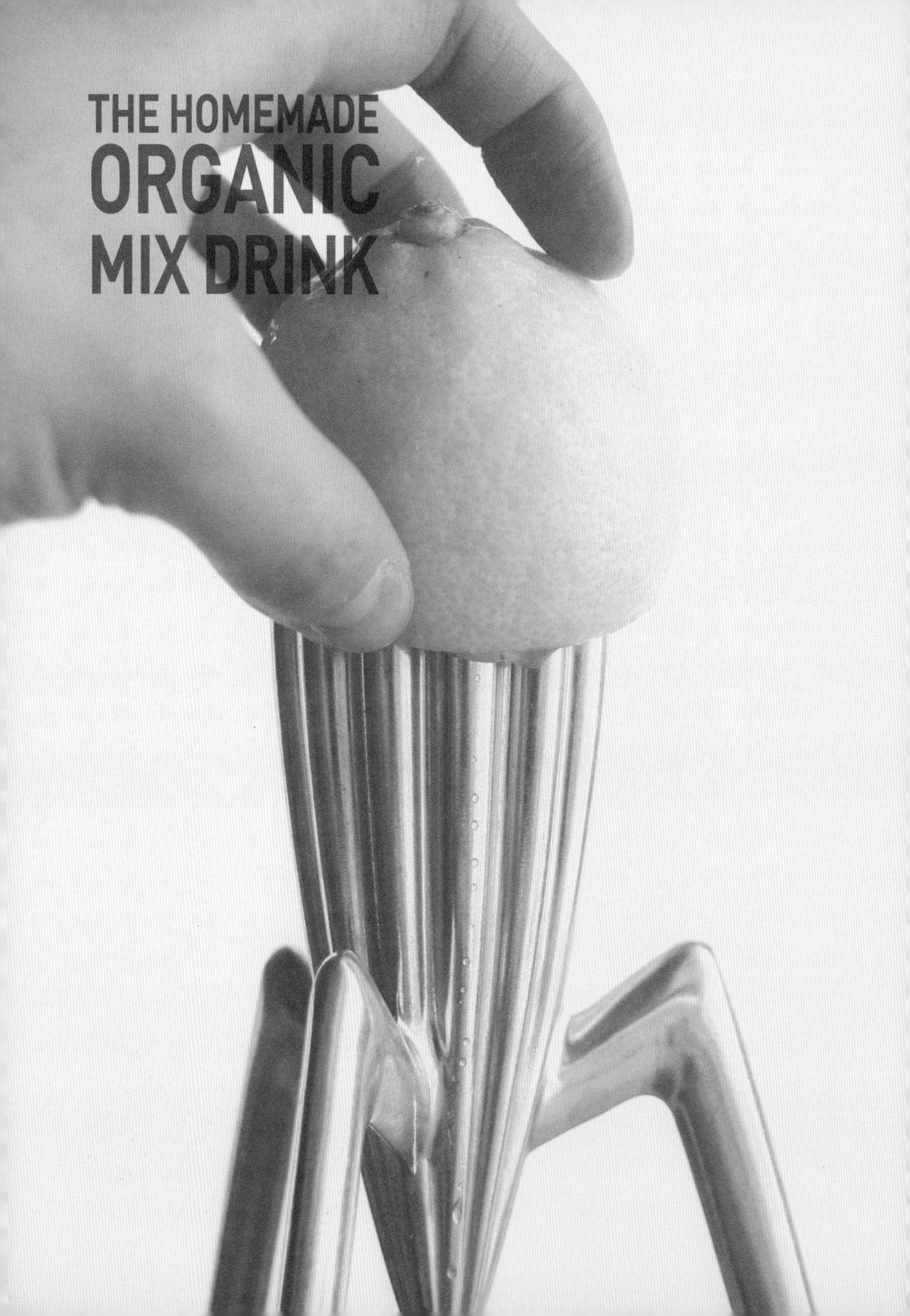

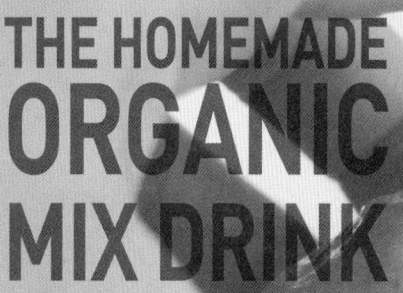

MIXOLOGIST

권혁민의 믹솔로지 메뉴

MIXOLOGIST
권혁민의 믹솔로지 메뉴

RASPBERRY LEMONADE
라즈베리 레모네이드

청담동 믹솔로지 매장 대표이자 국내 최고
믹솔로지스트인 권혁민이 선보이는 메뉴를 집에서도 만들 수 있게 소개한다.

INGREDIENTS

- 라즈베리 10알
- 레몬 1/2개
- 설탕시럽 30mL
- 소다수 100mL

HOW TO

투명한 잔에 라즈베리 10알을 넣고 방망이로 으깨어 준다.

라즈베리의 상큼한 향과 즙이 나오면 레몬즙을 짜서 넣고, 설탕시럽을 넣는다.

얼음을 채운 후 소다수를 넣고, 잘 저어준 후 라즈베리 3알과 레몬을 이용하여 연출하면 완성된다.

MIXOLOGIST 권혁민의 믹솔로지 메뉴

CHOCOLATE SMOOTHIE
초콜릿 스무디

초콜릿을 마셔본 적이 있는가?

카카오 콩을 원료로 한 과자 또는 음료의 형태를 말하는 초콜릿[Chocolate]은 멕시코 원주민이 카카오 콩으로 만든 음료를 초콜라틀[Chocolatl]이라고 한데서 유래되었다.

오래전 카카오 콩은 멕시코 원주민들이 음료 또는 약용으로 귀하게 여기던 것으로, 화폐로도 유통되었다.

아즈텍 왕 몬테수마는 여인들을 만나러 가기 전에 여러 잔의 코코아를 마셨고, 스페인 상류층에서는 성적인 흥분을 높이는 최음제 역할로 쓰였다. 또한 초콜릿의 페닐에틸아민 성분은 정신을 안정시켜 집중력을 높여주고 우리 몸의 주된 에너지원이 되는 탄수화물의 소화 흡수 속도를 높여 머리 회전에 도움을 준다. 테오브로민 성분은 대뇌를 자극하여 사고력을 올려주며, 이뇨작용, 근육 완화 등 뛰어난 약리작용을 하여 적당한 섭취는 몸을 이롭게 하는 성분을 함유하고 있다.

자, 그럼 이 매력적이고 달콤한 초콜릿을 마실 준비가 되었는가?

INGREDIENTS

초콜릿 소스 45mL

땅콩 버터 1티스푼

우유 100mL

HOW TO

믹서기에 초콜릿 소스, 땅콩 버터, 우유를 넣고 얼음과 함께 곱게 갈아 낸 다음 잔에 담는다.

초콜릿 가루 또는 슬라이스로 연출한다.

THE HOMEMADE ORGANIC MIX DRINK

THE HOMEMADE ORGANIC MIX DRINK

GOOD PAIRING DRINK

에오 어윤권 쉐프

식탁 위의 성대한 만찬! 부족한 2프로의 허전함을 맛있는 음료로 채워 완벽한 그랑드 테이블을 완성한다. 세계적으로 유명한 쉐프들이 그토록 고심하며 연출하는 것이 눈으로 즐기는 푸드 스타일의 완성이다. 투박한 용기에서도 빛이 나는 연출력을 익혀보자.

GOOD PAIRING DRINK
에오 어윤권 쉐프

최고의 품격을 현대적으로 승화시킨 밀라노 포시즌 호텔의 부쉐프를 역임한 유명 요리 연구가인 어윤권 쉐프는 그날의 신선한 재료로 건강뿐만 아니라 우리의 눈과 감성을 컨트롤할 줄 아는 최고의 쉐프이다.

그가 직접 운영하는 에오는 이탈리안 레스토랑으로 그날의 신선한 재료로 맛볼 수 있는 최고의 코스메뉴로 되어 있으며, 손님이 메뉴를 선택할 수 없는 것이 특징이다. 하지만 내 생에 최고의 만찬을 즐기고 싶다면, 어윤권 쉐프의 손길이 가득한 플레이트 위의 예술을 눈으로 맛봐야 할 것이다.

LEMONGRASS LEMON SODA
레몬그라스 레몬 소다

입안을 말끔히 정리해 주는 듯한 느낌의 레몬그라스의 허브는
상큼한 레몬이 전해주는 풍미와는 사뭇 다른 느낌을 준다.
전체요리와 아주 잘 어울리는 음료로 기분을 좋게 하는 페어링 음료이다.

INGREDIENTS

레몬그라스 1줄기

레몬 1/2개

소다수

HOW TO

레몬그라스를 파와 같이 어슷썰기 하여 넣는다.

레몬 즙을 짜서 넣는다.

얼음을 가득 채우고 소다수를 넣어 즐긴다.

THE HOMEMADE ORGANIC MIX DRINK

TEA
마음까지 맑게 하는 차

12:00 PM 햇살 따스한 정오 쏟아지는 졸음을 물리치고 활력을 되찾고 싶다면, 향긋한 허브티와 입안에서 사르르 녹는 달콤한 티라미슈 케익을 먹자.

TEA 마음까지 맑게 하는 차

GREEN TEA LATTE
녹차 라테

마음이 불안하거나 초조할 때 기분 전환에 도움이 되는 로즈힙, 은은한 향의 라벤더는 시크한 당신과 어울린다. 입 안을 개운하게 하고 싶다면 진주 자스민, 평소 당 수치가 높은 사람이라면, 혈당 수치를 낮춰주는 당 밸런스 티를 즐기자. 허브 차 중에서 인기가 가장 많은 케모마일은 소화 촉진에 도움이 되며, 머리를 맑게 해 주는 페퍼민트 티는 내 머릿속 복잡한 생각들을 잠시나마 잊게 해준다.

햇살 따스한 정오 느긋한 차 한 잔의 여유를 즐겨보자.

차[茶]

우리나라의 차문화는 약 천 년의 역사를 이어오고 있다. 삼국시대에 처음으로 우리나라에 들어온 차는 부처님에게 올리는 공양물이자, 상류층의 문화를 대변하는 기호품이었다. 고려시대의 차 문화는 국교였던 불교와 함께 찬란하게 발전하기 시작하였으며, 왕족과 귀족, 백성에 이르기까지 다양한 계층이 차를 향유할 수 있었다. 하지만 조선시대에는 사치품으로 여겨져 높은 세금으로 인해 일반인과 거리가 멀어지게 되었고, 일부 국내에서 재배된 차와 중국에서 수입된 차는 왕실을 중심으로 사대부 문인들이 즐기는 고급문화로 자리 잡았다. 이후 오늘날의 다양한 종류의 차문화와 기술이 발전해 왔다.

오늘날 전 세계 음료시장의 60퍼센트 이상을 차지하는 차는 디톡스 아이템으로 몸과 마음까지 맑게 해 주는 음료로 발전하게 되었다. 집에서 간편하게 차를 우려내 사랑하는 이들과 함께 즐겨보자.

INGREDIENTS

세작 분말 1스푼

우유 1컵

HOW TO

믹스통에 각 재료를 넣고, 얼음과 함께 흔들어 준다.

투명한 잔에 얼음과 함께 담은 후 기호에 따라 생크림을 올려서 즐긴다.

TEA 마음까지 맑게 하는 차

HONEY TEA WATER
허니 티 워터

향긋한 티 잔에 달콤한 꿀을 곁들여, 맛과 향을 즐기는 여유있는 시간을 즐겨 보자.
티를 좋아하는 사람이라면 이 음료를 꼭 권하고 싶다.

INGREDIENTS

좋아하는 티 팩 1개

꿀 1스푼

물 1/2컵

HOW TO

뜨거운 물 반 컵에 좋아하는 티 팩을 넣고, 꿀과 함께 풀어 준다.

얼음이 가득한 잔에 담아내고, 잘 저어서 즐긴다. 이때 계피 스틱을 함께 넣으면 은은한 향이 지속된다.

THE HOMEMADE ORGANIC MIX DRINK

SPRING, HERB

봄 내음을 머금은 허브 음료

생선의 비린 냄새와 음식의 향을 돋구는
허브의 종류와 이를 이용한 상쾌한 음료 만들기

SPRING, HERB
봄 내음을 머금은 허브 음료

상큼한 라임의 맛과 향기로운 민트의 내음이 나는 모히토를 아직도 모르고 있다면 지금 당장 꽃집에서 민트 화분 하나를 구입하자. 정성스럽게 잘 키운 다음 무더운 여름날, 귀한 손님이 찾아올 때 모히토 한 잔을 내놓으면 누구나 감탄할 것이다.

클릭 앤 그로우 Click & Grow

바쁜 현대인들이 집에서 민트와 같은 화분을 지속해서 관리하기란 쉽지 않다. 본인 역시 집에서 허브가 들어가는 음료를 만들려고 화분을 찾으면 시들어 있을 때의 좌절감이란 말을 할 수가 없다. 가까운 지인이 소개해 준 이 아이템은 스스로 환경을 조절해 식물을 키워주니 집에서 모히토와 같은 음료가 생각날 때 편리하게 허브를 꺾어서 만들 수 있다.

ROSEMARY LEMONADE
로즈마리 레모네이드

INGREDIENTS

로즈마리 1줄기

레몬 1/2개

설탕 1스푼

물 1컵

HOW TO

잔에 로즈마리를 넣고 방망이로 '톡톡' 쳐 준 다음, 레몬 반 개를 짜서 넣는다.

설탕 한 스푼을 넣고, 잘 저어준다. 얼음과 물을 가득 채워서 즐긴다.

SPRING, HERB 봄 내음을 머금은 허브 음료

MOJITO NON-ALCOHOL
모히토 넌 알코올

모히토[MOJITO]의 사전적 의미는 쿠바 전통주인 럼, 설탕, 라임즙으로 만든 음료의 종류를 설명하며, 여기에 신선한 민트와 탄산수, 얼음을 포함한다.
모히토는 과거 스페인어의 석화로 만든 맛있는 요리의 조미료와 같은 이름을 뜻하는 것으로 '조금 젖는 Mojar''이라는 표현에서 'Mojadito'의 유도체에서 변형되었다.

이것은 '음식을 재우다'라는 뜻으로 지금의 'Mojito 모히토'로 알려지게 되었다. 16세기 프랜시스 드레이크의 '티 Draque'에 모히토를 즐긴 흔적이 남아 있으며, 세계적인 작가 어니스트 헤밍웨이는 죽기 전날까지 마실 정도로 모히토를 즐겼던 것으로 유명하다.

INGREDIENTS

민트 5~10줄기

라임 또는 레몬 1/2개

소다수

황설탕 1스푼

HOW TO

투명한 잔에 라임 반 개를 4등분하여 썰어 넣고, 황설탕 또는 유기농 설탕을 흩뿌려서 넣는다.

마늘 찧는 방망이로 라임의 즙이 충분히 나오도록 으깬 다음 민트를 넣고, 살짝 눌러준다.

여기에 조각 얼음을 가득 채우고, 소다수를 가득 넣은 다음 저어주면 완성된다.

민트와 라임으로 연출하면 '여기가 쿠바인가?'하고 잠시 혼란스러울 것이다.

SPRING, HERB 봄 내음을 머금은 허브 음료

LEMONGLASS SODA
레몬그라스 소다

INGREDIENTS

레몬그라스 1줄기

레몬 1/2개

소다수

HOW TO

레몬그라스를 파와 같이 어슷썰기 하여 넣고, 레몬즙을 짜서 넣는다.

얼음을 가득 채우고, 소다수를 넣어 즐긴다.

WATERMELON BASIL JUICE
수박 바질 주스

INGREDIENTS
바질 2장
수박 2컵

HOW TO
믹서기에 재료를 넣고, 갈아 준 다음 잔에 담아 바질과 수박으로 연출한다.

THE HOMEMADE ORGANIC MIX DRINK

VISITOR DRINKS
집에 손님이 왔을 때 적당한 음료 아이템

VISITOR DRINKS 집에 손님이 왔을 때 적당한 음료 아이템

VISITOR DRINKS
집에 손님이 왔을 때 적당한 음료 아이템

거리에 즐비한 고급스러운 카페로 망설임 없이 향하기 위해서는
깔끔한 옷차림과 두둑한 지갑이 있어야 한다. 또한 마음의 여유와 시간은 필수!
이런 준비와 부담감은 때로 나를 불편하게 한다.
이제는 집에서도 완벽한 카페 메뉴 못지않은 다양한 음료를 즐겨보자.

딸기 주스 **레몬네이드** **마누카 허니 레모네이드** **자몽 주스** **토마토 주스**

오이와 한라봉 주스 **메실 에이드** **키위 주스** **복분자 스무디** **토마토 에센스**

THE HOMEMADE ORGANIC MIX DRINK 214 215

| 셀러리와 토마토 주스 | 수박 주스 | 블루베리 에이드 | 블루베리 스무디 | 배 주스 |

| 청포도 주스 | 포도 주스 | 단호박 라떼 | 유자 에이드 | 복숭아 홍시 스무디 |

| 마와 유자 스무디 | 시금치 마 라떼 | 사과와 당근 주스 | 망고 스무디 | 망고 주스 |

사과 요거트

로즈마리 유자 에이드

당근 슬러시

시나몬 애플 에이드

민트 레모네이드

EPILOGUE
에필로그

《믹솔로지》 서적 출간 후에 평범한 월급쟁이에서 조금은 이름이 알려졌고, 주머니에 얼마가 들어있는지
스트레스를 받지 않아도 될 만큼 생활이 나아졌다. 하지만 믹솔로지스트라는 아름다운 직업을 가지고
한 발씩 내딛는 매 순간 적잖은 시련을 겪으며, 이겨내고 있는 것 또한 사실이다. 건전한 음주문화를 외치며,
수백 번의 칵테일 클래스를 진행했지만 방송에서는 술을 다루는 내용이라 부적합하다는 이유로
통편집 통보를 받아야 했고, 시골에 계시는 어른들은 나를 떳떳하게 소개하지 못한다고 했다.
하지만 지금까지 심장이 두근거리는 설렘과 열정을 안고 달려오면서 단 한 번도 내 직업을 부끄럽게
여기거나 후회한 적은 없지만 가끔 곱지 않은 시선에 대한 아쉬움으로 이 책을 시작하게 되었다.
'몸에 좋은 약은 쓰다'라는 통념을 깨고 신선한 재료를 이용하여, 누구나 인스턴트 커피와 라면을 끓이는
것만큼 쉽고 맛있게 즐길 수 있도록 고민하며 가족을 생각하는 엄마의 마음으로 이 책을 만들었다.
전 세계 카페에서 판매되는 메뉴의 절반은 커피지만 나머지 절반은 주스와 스무디 같은 형태의 음료이다.
나는 이제 그 시장의 절반을 가이드하며, 누구나 맛있고 신선한 음료를 즐길 수 있는 기쁨을 사람들에게
안겨주고 싶다. 맛있는 모히토 칵테일에서 바카디를 빼면, 논 알코올 모히토가 되고,
맛있는 딸기 주스에 그레이 구스 보드카를 넣으면 딸기 펀치 칵테일로 바뀔 수 있다.
아침에 일어나 신선한 레몬 디톡스를 들이키고, 저녁에는 잔잔한 음악과 함께 보드카 한 잔을
레몬 디톡스에 넣어서 자연스레 칵테일로 즐길 수도 있다는 쉬운 응용법 역시 알리고 싶다.
그리고 이 책은 이제 나의 아내가 된 사랑하는 그녀와 함께하여 더욱 남다르다.
음료의 신선함을 놓치지 않고 모두 담기 위해 수천 장의 사진을 찍어 내면서도 투정 한번 부리지 않았던
그녀 허선아에게 나의 사랑과 고마움을 전하고 싶다.

"라이프 스타일에 감성을 입혀라, 센솔로지"

2014년 3월 이른 봄 김봉하